LE CHEMIN DE LA VIE

Le chemin de la vie

ALDIVAN TORRES

CONTENTS

1- 1

1

Le chemin de la vie
Aldivan Torres
Le chemin de la vie

Auteur : Aldivan Torres
©2020- Aldivan Torres
Tous les droits réservés.
Série : Cultiver la sagesse

Ce livre, y compris toutes ses parties, est protégé par le droit d'auteur et ne peut être reproduit sans l'autorisation de l'auteur, revendu ou téléchargé.

Aldivan Torres est un écrivain consolidé dans plusieurs genres. Jusqu'à présent, les titres ont été publiés dans des dizaines de langues. Dès son plus jeune âge, il a toujours été un amoureux de l'art de l'écriture, ayant consolidé une carrière professionnelle à partir du second semestre 2013. Il espère, avec ses écrits, contribuer à la culture internationale, suscitant le plaisir de lire chez ceux qui n'en ont pas l'habitude. Votre mission est de gagner le cœur de chacun de vos lecteurs. En plus de la littérature, ses principaux divertissements sont la musique, les voyages, les amis, la famille et le plaisir de la vie elle-même. « Pour la littérature, l'égalité, la fraternité, la justice, la dignité et l'honneur de l'être humain toujours » est *sa devise.*

Le chemin
Savoir être critique
Maîtres de vie
Loi de retour
Un temps d'angoisse
Le ratio de récolte des plantes
Donner ou ne pas donner l'aumône ?
L'acte d'enseigner et d'apprendre
Comment agir face à la trahison
L'amour génère plus d'amour
Agir au nom des pauvres, des exclus et des subordonnés
Final Message
Le chemin du bien-être
Le chemin
Les chemins vers Dieu
Les bons maîtres et apprentis
Bonnes pratiques pour rester sobre
La valeur à travers l'exemple
Le sentiment dans l'univers
Se sentir divin
Changer la routine
L'inégalité mondiale verse la justice
Le pouvoir de la musique
Comment lutter contre le mal
Je suis l'incompréhensible
Rencontrer des problèmes
Au travail
Voyager
Recherche de droits
Croyez en l'amour total
Savoir gérer une relation

Le massage
L'adoption de valeurs morales
Avoir l'esprit d'un vrai ami
Actions à observer
Soins pour l'alimentation
Conseils pour vivre longtemps et bien
Danse
Jeûne
Le concept de Dieu
Étapes d'amélioration
Caractéristiques de l'esprit
Comment suis-je censé me sentir ?
Le rôle de l'éducation
Conclusion
Gagner par la foi
Victoire sur les ennemis spirituels et charnel
La relation homme-Dieu
Croire en Yahvé dans la douleur
Être un honnête homme de foi
Les Christs
La mission de l'homme
Soyez le christ
Les deux chemins
Le choix
Mon expérience
C'est à nous de le faire
Destination
Royaume de lumière, octobre 1982
La mission
Le sens de la vision
Authenticité dans un monde corrompu
Tristesse dans les moments difficiles
Vivre dans un monde corrompu

Tant qu'il y aura du bien, la terre restera
Les Justes ne seront pas ébranlés
Soyez l'exception
Ma forteresse
Les valeurs
À la recherche de la paix intérieure
Le Dieu Créateur
Amour sincère
Reconnaissez-vous pécheur et limité
L'influence du monde moderne
Comment s'intégrer au père
L'importance de la communication
L'interdépendance et la sagesse des choses
Ne blâmez personne
Faire partie d'un tout
Ne vous plaignez pas
Voir d'un autre point de vue
Une vérité
Pensez à l'autre
Oubliez les problèmes
Faire face à la naissance et à la mort comme processus
Immortalité
Avoir une attitude proactive
Dieu est esprit
Une vision de la foi
Suivez mes commandements
La foi morte
Avoir une autre vision
De la faiblesse vient la force
Que faire dans une situation financière délicate
Faire face à des problèmes familiaux
Surmonter une maladie ou même la mort
Se rencontrer soi-même

Sophia
Justice
Le refuge au bon moment
La séduction du monde versets la voie de Dieu
Apprendre à connaître Yahvé
Les justes et la relation avec Yahvé
La relation avec Yahvé
Ce que vous devez faire
Je vous donne tout mon espoir
Amitié
Pardon
Trouver son chemin
Comment vivre au travail
Vivre avec des gens durs au travail
Se préparer à avoir un revenu de travail autonome
Analyser les options de spécialisation dans les études
Comment vivre en famille
Qu'est-ce que la famille
Comment respecter et respecter
Dépendance financière
L'importance de l'exemple

Le chemin

Marchez avec les gentils et vous aurez la paix. Marchez avec les méchants et vous serez malheur. Dis-moi avec qui tu traînes et je te dirai qui tu es. Ce sage dicton révèle combien il est important d'être sélectif dans les amitiés. Cependant, je crois que c'est une expérience d'apprentissage. Vous devez faire des erreurs pour apprendre ou vous devez expérimenter pour savoir ce que vous aimez. L'expérience est un facteur primordial pour l'évolution de l'être humain puisque nous errons des êtres soumis à une réalité d'expiation et de preuve.

Savoir être critique

Nous sommes des êtres en constante évolution. Il est normal de vous critiquer et de toujours vouloir améliorer vos performances dans vos activités quotidiennes. N'exigez pas trop de vous-même. Le temps enseigne et mûrir vos idées. Divisez vos tâches de telle sorte que vous avez assez de loisirs. L'esprit accablé ne produit rien de pratique. Il y a le temps de la plantation et de la récolte.

Il faut de l'empathie et du contrôle. Si votre partenaire fait une erreur, donnez-lui de bons conseils, mais ne le recréez pas. Rappelez-vous que nous ne pouvons pas juger l'autre parce que nous sommes aussi des êtres imparfaits et imparfaits. Ce serait un aveugle guidant un autre aveugle qui ne porterait pas ses fruits. Réfléchissez, planifiez et réalisez. Ils sont les piliers nécessaires au succès.

Si vous êtes un patron, exigez des compétences de vos subordonnés, mais aussi être compréhensible et humain. Un environnement de travail chargé de vibrations lourdes et négatives ne fait qu'entraver notre développement. Il faut de la coopération, de la prestation, du travail, de la détermination, de la planification, du contrôle et de la tolérance dans l'environnement de travail. C'est ce qu'on appelle la démocratisation du travail, un élément essentiel dans la conduite des affaires puisque notre société est plurielle et aux multiples facettes. L'environnement doit donc être un lieu d'inclusion sociale.

Les grandes entreprises qui luttent pour l'inclusion et la durabilité sont admirées par les clients et les consommateurs. Cela génère une image très positive à l'intérieur et à l'extérieur de l'organisation. En outre, les valeurs d'unité, d'assiduité, de dignité et d'honneur contribuent à la perpétuité de l'entreprise. Dans ce cas, je recommande une rencontre ponctuelle avec des professionnels hautement qualifiés tels que : psychologue, technicien en relations humaines, administrateurs, gestionnaires, écrivains, professionnels de la santé, entre autres.

Maîtres de vie

Nous sommes sur une grande mission devant une foule totalement inégale. Certains ont plus de connaissances et d'autres ont moins de connaissances. Cependant, chacun de nous peut enseigner ou apprendre. La sagesse ne se mesure pas par son âge ou sa condition sociale, c'est un don divin. Ensuite, nous pouvons trouver un mendiant qui est plus sage qu'un homme d'affaires prospère. Elle ne se mesure pas par le pouvoir financier, mais par une construction de valeurs qui nous rendent plus humains. Le succès ou l'échec n'est qu'une conséquence de nos actes.

Nos premiers maîtres sont nos parents. Il est donc vrai que notre famille est notre base de valeurs. Ensuite, nous avons des contacts avec la société et à l'école. Tout cela reflète notre personnalité. Alors que nous avons toujours le pouvoir de choix. Appelée libre volonté, elle est la condition de la liberté de tous les êtres et doit être respectée. Je suis libre de choisir mon chemin, mais je dois aussi en supporter les conséquences. Rappelez-vous, nous ne réalisons pas ce que nous avons planté. C'est pourquoi vous l'appelez un bon arbre, c'est celui qui porte de bons fruits.

Nous naissons avec une prédisposition au bien, mais souvent l'environnement nous fait du mal. Un enfant dans un état de répression et de misère ne se développe pas de la même manière qu'un enfant riche. C'est ce qu'on appelle l'inégalité sociale, où peu de gens ont beaucoup d'argent et beaucoup de gens sont pauvres. L'inégalité est le grand mal du monde. C'est une grande injustice qui apporte souffrance et dommages à la partie de la population la moins favorisée. Je pense que nous avons besoin de plus de politiques d'inclusion sociale. Nous avons besoin d'emplois, de revenus et d'opportunités. Je pense que la charité est un très bel acte d'amour, mais je pense que c'est humiliant de vivre exactement cela. Nous avons besoin de travail et de conditions de survie décentes. Nous devons espérer des jours meilleurs. Comme il est bon d'acheter des choses avec notre propre travail et de ne pas être discriminé. Nous devons avoir l'occasion de chacun, sans aucune forme de discrimination. Nous avons besoin d'emplois pour les Noirs, les autochtones, les femmes, les homosexuels, les transsexuels, de toute façon, pour tout le monde.

Je pense que la sortie d'un nouveau modèle de durabilité serait le travail conjoint de l'élite avec le gouvernement. Moins d'impôts, plus d'incitations financières, moins de bureaucratie contribuerait à réduire les inégalités. Pourquoi une personne a-t-elle besoin de milliards dans son compte bancaire ? C'est totalement inutile, même si c'est le fruit de votre travail. Nous devons taxer les grandes fortunes. Nous devons également recouvrer les dettes de main-d'œuvre et fiscales des grandes entreprises pour générer des dividendes. Pourquoi privilégier la classe riche ? Nous sommes tous des citoyens qui ont des droits et des devoirs. Nous sommes les mêmes devant la loi, mais nous sommes en fait inégaux.

Loi de retour

UN TEMPS D'ANGOISSE

Quand vient un moment d'angoisse et qu'il semble que tous les injustes prospèrent, rassurez-vous. Tôt ou tard, ils tomberont et les justes gagneront. Les voies de Yahvé sont inconnues, mais elles sont droites et sages, à aucun moment il ne vous abandonnera même si le monde vous condamne. Il le fait pour que son nom se perpétue de génération en génération.

LE RATIO DE RÉCOLTE DES PLANTES

Tout ce que vous faites sur terre pour vous est écrit dans le livre de la vie. Chaque conseil, don, détachement, aide financière, paroles aimables, compliments, coopération dans les œuvres caritatives entre autres est un pas vers la prospérité et le bonheur. Ne pensez pas que l'aide à l'autre le plus grand bien est pour l'assisté. Au contraire, votre âme est la plus bénéfique par vos actes et vous pouvez obtenir des vols plus élevés. Avoir la conscience en vous que rien n'est gratuit, le bien que nous avons reçu aujourd'hui, nous plantons dans le passé. Avez-vous déjà vu une maison se soutenir sans fondation ? Il en va de même pour chacune de nos actions.

DONNER OU NE PAS DONNER L'AUMÔNE ?

Nous vivons dans un monde de cruels et pleins d'escrocs. Il est courant pour beaucoup de gens avec de bonnes conditions financières de demander l'aumône afin d'enrichir, un acte déguisé de vol qui suce le salaire déjà impitoyable des travailleurs. Face à cette situation quotidienne, beaucoup refusent d'aider face à une demande d'aumône. Est-ce la meilleure option ?

Il est préférable d'analyser au cas par cas, sentir l'intention de la personne. Il y a d'innombrables fléaux dans la rue, il n'y a aucun moyen d'aider tout le monde, c'est vrai. Quand ton cœur le permettra, aide. Même s'il s'agit d'une fraude, le péché sera dans l'intention de l'autre personne. Vous avez collaboré, contribué à un monde moins inégalitaire et plus humain. Félicitations à vous.

L'ACTE D'ENSEIGNER ET D'APPRENDRE

Nous sommes dans un monde d'expiation et d'épreuves, un monde en constante évolution. Afin de nous adapter à cet environnement, nous nous trouvons dans un riche processus d'enseignement et d'apprentissage qui se reflète dans tous les environnements. Profitez de cette occasion, absorber les bonnes choses et nier les mauvaises afin que votre âme puisse évoluer sur le chemin vers le père.

Sois toujours reconnaissant. Dieu merci pour votre famille, vos amis, vos compagnons de voyage, vos professeurs de vie et tous ceux qui croient en vous. Rendez à l'univers une partie de votre bonheur en étant un apôtre du bien. Ça vaut vraiment le coup.

COMMENT AGIR FACE À LA TRAHISON

Soyez prudent avec les gens, ne faites pas confiance si facilement. Les faux amis n'y réfléchiront pas à deux fois et livreront leur secret devant tout le monde. Lorsque cela se produit, la meilleure chose à faire est de prendre du recul et de mettre les choses à leur place. Si vous le pouvez et avez assez évolué, pardonnez. Le pardon libérera votre âme du ressentiment et vous serez alors prêt pour de nouvelles expériences. Pardonner ne signifie pas oublier parce qu'une fois que vous avez brisé votre confiance, vous ne reviendrez pas.

Gardez à l'esprit la loi du retour qui est la loi la plus juste de toutes. Tout ce que vous faites de mal à l'autre reviendra avec intérêt pour vous de payer. Alors ne vous inquiétez pas du mal qu'ils vous ont fait, vous serez là pour vos ennemis, et Dieu agira avec justice en vous donnant ce que tout le monde mérite.

L'AMOUR GÉNÈRE PLUS D'AMOUR

Béni soit celui qui a connu l'amour ou la passion. C'est le sentiment le plus sublime qui comprend le don, le renoncement, l'abandon, la compréhension, la tolérance et le détachement de la matière. Cependant, nous n'avons pas toujours un sentiment réciproque par l'être cher et c'est à ce moment-là que la douleur et la consternation se produisent. Il faut du temps pour le peser et respecter cette période. Quand vous vous sentez mieux, passez à autre chose et ne regrettez rien. Vous avez adoré, et comme une récompense, Dieu montrera à l'autre personne un moyen, qu'il ou elle ira leur chemin vers l'avant ainsi. Il y a une forte probabilité qu'elle soit rejetée par d'autres pour payer les souffrances causées. Cela relance un cercle vicieux, où nous n'avons jamais qui nous aimons vraiment.

AGIR AU NOM DES PAUVRES, DES EXCLUS ET DES SUBORDONNÉS

Cherchez à aider les sans-abris, les orphelins, les prostituées, les abandonnés et les mal-aimés. Votre récompense sera grande parce qu'ils ne peuvent pas rembourser votre bonne volonté.

Dans une entreprise, l'école, la famille et la société en général traitent chacun avec égalité indépendamment de sa classe sociale, de sa religion, de son origine ethnique, de son choix sexuel, de sa hiérarchie ou de toute spécificité. La tolérance est une grande vertu pour vous d'avoir accès aux plus hautes cours célestes.

FINAL MESSAGE

C'est le message que je voulais donner. J'espère que ces quelques lignes éclaireront votre cœur et feront de vous une meilleure personne. Rappelez-vous : Il est toujours temps de changer et de faire le bien. Rejoignez-nous dans cette chaîne de bien pour un monde meilleur. À la prochaine histoire.

Le chemin du bien-être

LE CHEMIN

L'être humain dans toute sa conscience a deux dimensions à observer : la façon dont il se voit et la façon dont il est perçu par la société. La plus grande erreur, c'est qu'il peut faire est d'essayer de s'adapter à une norme de la société comme la nôtre. Nous vivons dans un monde qui est pour la plupart lèsent, inégalitaire, tyrannique, cruel, mauvais, plein de trahisons, de mensonges et d'illusions matérielles. Absorber de bons enseignements et être authentique est la meilleure façon de se sentir en paix avec soi-même.

Apprendre et mieux se connaître, compter sur de bonnes valeurs, s'aimer soi-même et aimer les autres, valoriser la famille et pratiquer la charité sont des façons de trouver le succès et le bonheur. Dans cette trajectoire, il y aura des chutes, des victoires, des peines, du bonheur, des moments de loisirs, de guerre et de paix. La chose importante dans tout cela est de vous garder avec la foi en vous-même et une plus grande force quelle que soit votre croyance.

Il est essentiel de laisser tous les mauvais souvenirs derrière vous et de passer à autre chose. Soyez assurés que Yahvé Dieu prépare de bonnes surprises dans lesquelles vous ressentirez le vrai plaisir de vivre. Avoir de l'optimisme et de la persévérance.

LES CHEMINS VERS DIEU

Je suis le fils du père, celui qui est venu aider cette dimension dans une évolution vraiment cohérente. Ici, quand je suis arrivé, j'ai trouvé une humanité totalement soirée et détournée de l'objectif principal de mon père en le créant. Aujourd'hui, ce que nous voyons le plus souvent est des gens mesquins, égoïstes, incrédules de Dieu, compétitifs, avides et envieux. Je suis désolé pour ces gens et j'essaie de les aider de la meilleure façon possible. Je peux montrer à travers mon exemple les qualités que mon père veut vraiment qu'ils cultivent : solidarité, compréhension, coopération, égalité, fraternité, compagnie, miséricorde, justice, foi, griffe, persévérance, espérance, dignité et surtout amour entre les êtres.

Un autre problème majeur est la fierté humaine de faire partie d'un groupe ou d'une classe plus favorisée. Je vous le dis, ce n'est pas une galle devant Dieu. Je vous dis que vous avez les bras ouverts et les cœurs pour recevoir vos enfants indépendamment de votre race, couleur, religion, classe sociale, orientation sexuelle, parti politique, région ou toute spécificité. Tout le monde est égal en matière devant son père. Cependant, certains sont plus bienveillants par leurs œuvres et leur âme agréable.

Le temps passe vite. Alors ne manquez pas l'occasion de collaborer pour un univers meilleur et plus juste. Aider les affligés, les malades, les pauvres, les amis, les ennemis, les connaissances, les étrangers, la famille, les étrangers, les hommes et les femmes, les enfants, jeunes ou vieux, en bref, aider sans s'attendre à des représailles. Grande sera votre récompense devant le père.

LES BONS MAÎTRES ET APPRENTIS

Nous sommes dans un monde d'expiation et de preuves. Nous sommes des êtres interdépendants et manquant d'affection, d'amour, de ressources matérielles et d'attention. Chacun tout au long de sa vie gagne de l'expérience et transmet quelque chose de bon à ses proches. Cet échange mutuel est très important pour parvenir à un état de paix et de bonheur. Comprendre soi-même, comprendre la douleur des autres, agir au nom de la justice, transformer les concepts et expérimenter la liberté que procure la connaissance n'a pas de prix. C'est un bien que personne ne puisse te voler.

Au cours de ma vie, j'ai eu de grands professeurs : Mon père spirituel et charnel, ma mère avec sa douceur, les enseignants, les amis, la famille en général, les connaissances, les collègues, le tuteur, Angel, L'Hindou, la prêtresse, Renato (mon partenaire d'aventure), Philippe Andrew (Un homme marqué par une tragédie), tant d'autres personnages qui, avec sa personnalité a marqué mon histoire. Dans le revers de l'histoire, j'ai encadré mes neveux et toute l'humanité à travers mes livres. J'ai bien joué les deux rôles et je suis à la recherche de ma propre identité. La clé de la question est de laisser une bonne graine car comme Jésus l'a dit : les justes brilleront comme le soleil dans le royaume de leur père.

BONNES PRATIQUES POUR RESTER SOBRE

Il y a différentes façons de voir le monde et de s'y habituer. Dans mon cas particulier, j'ai pu maintenir la stabilité après une longue période de préparation spirituelle interne. D'après mon expérience, je peux donner des conseils sur la façon de m'orienter face à l'inconstance de la vie : Ne buvez pas d'alcool, ne fumez pas, ne pas consommer de drogues, travailler, vous occuper avec une activité agréable, sortir avec des amis, marcher, voyager en bonne compagnie, manger et bien s'habiller, entrer en contact avec la nature, échapper à la ruée et l'animation, reposez votre esprit, écoutez de la musique, lisez des livres, remplissez vos obligations domestiques, soyez fidèles à vos valeurs et croyances, respectez les anciens, prenez soin de l'instruction des plus jeunes, soyez pieux, compréhensifs et tolérants, rassemblez-vous à votre groupe spirituel, minerai, avez la foi et non les thèmes. D'une certaine façon le destin vous ouvrira les bonnes portes et trouvera votre chemin. Beaucoup de chance est ce que je souhaite à tout le monde.

LA VALEUR À TRAVERS L'EXEMPLE

L'homme se reflète à travers ses œuvres. Ce dicton sage montre exactement comment nous devons agir pour atteindre le bonheur. Il n'est d'aucune utilité pour l'homme d'avoir des valeurs consolidées s'il ne les met pas en pratique. Plus que de bonnes intentions, nous avons besoin d'attitudes consolidées pour que le monde se transforme.

LE SENTIMENT DANS L'UNIVERS

Apprenez à vous connaître, à vous valoriser davantage et à coopérer pour le bien des autres. La plupart de nos problèmes découlent de nos propres craintes et lacunes. Connaissant nos faiblesses, nous pouvons les corriger et planifier à l'avenir de nous améliorer en tant qu'être humain.

Suivez votre éthique sans oublier le droit de ceux qui sont à vos côtés. Soyez toujours impartial, juste et généreux. La façon dont vous traitez le monde aura comme un succès de représailles, la paix et la tranquillité. Ne sois pas trop pointilleux avec toi-même. Essayez de profiter de chaque moment de la vie du point de vue de l'apprentissage. La prochaine fois, tu sauras exactement comment agir.

SE SENTIR DIVIN

Rien n'est par hasard et tout ce qui existe dans l'univers a son importance. Soyez heureux pour le don de la vie, pour l'occasion de respirer, marcher, travailler, voir, embrasser, embrasser et donner de l'amour. Personne n'est une pièce isolée, nous faisons partie de l'engrenage de l'univers. Essayez de faire de simples exercices de connexion mentale. Dans vos moments de congé, allez dans votre chambre, asseyez-vous sur votre lit, fermez les yeux et réfléchissez sur vous-même et l'univers lui-même. Comme vous vous détendre, vos problèmes seront laissés pour compte et vous remarquerez l'approche du lien divin. Essayez de vous concentrer sur la lumière au bout du tunnel. Cette lumière vous apporte l'espoir qu'il est possible de changer, d'effacer les erreurs du passé, de vous pardonner et de faire la paix avec les ennemis en les faisant amis. Oubliez les combats, le ressentiment, la peur et les doutes. Tout ça vous met sur votre chemin. Nous sommes plus actifs lorsque nous comprenons le côté de l'autre et avons la capacité de passer à autre chose. Merci d'être en bonne santé et d'avoir encore le temps de résoudre les problèmes en suspens.

Nous sommes fils du père, nous avons été créés pour aider la planète à évoluer et aussi être heureux. Oui, nous pouvons tout avoir si nous en sommes dignes. Certains sont heureux seuls, d'autres aux côtés d'un compagnon, d'autres en s'engageant dans une religion ou une croyance, et d'autres en aidant les autres. Le bonheur est relatif. N'oubliez jamais aussi qu'il y aura des jours de désespoir et d'obscurité et que c'est en ce moment que votre foi doit être plus présente. Face à la douleur, trouver une sortie est parfois assez compliqué. Cependant, nous avons un Dieu qui ne nous abandonne jamais, même si d'autres le font. Parlez-lui et vous comprendrez mieux les choses.

CHANGER LA ROUTINE

Le monde d'aujourd'hui est devenu une grande course contre la fois pour la survie elle-même. Nous passons souvent plus de temps au travail qu'avec nos familles. Ce n'est pas toujours sain, mais cela devient nécessaire. Prenez des jours de congé pour changer un peu votre routine. Sortez avec des amis, conjoint, aller dans les parcs, théâtres, escalader des montagnes, aller nager dans la rivière ou en mer, aller rendre visite à des parents, aller au cinéma, le stade de football, lire des livres, regarder la télévision, surfer sur Internet et se faire de nouveaux amis. Nous devons changer la vision routinière des choses. Nous avons besoin de connaître un peu de ce vaste monde et de profiter de ce que Dieu a laissé. Pensez que nous ne sommes pas éternels, qu'à tout moment quelque chose peut arriver et que vous n'êtes plus parmi nous. Alors ne partez pas pour demain ce que vous pouvez faire aujourd'hui. En fin de compte, je vous remercie de m'avoir donné l'occasion d'être en vie. C'est le plus beau cadeau que nous ayons reçu.

L'INÉGALITÉ MONDIALE VERSE LA JUSTICE

Nous vivons dans un monde ineptie, compétitif et inégalitaire. Le sentiment d'impunité, d'impuissance, d'avarice et d'indifférence est prépondérant. Tout ce que Jésus a enseigné dans le passé la plupart du temps n'est pas mis en pratique. Alors à quoi bon qu'il se batte si dur pour un monde meilleur si on ne l'apprécie pas?

Il est très facile de dire que vous comprenez la douleur de l'autre, que vous avez parfois de la solidarité et de la compassion en voyant une image sur Internet ou même dans la rue devant un mineur abandonné. C'est dur d'avoir de l'attitude et d'essayer de changer cette histoire. Sans aucun doute, la misère du monde est très grande et nous n'avons aucun moyen d'aider tout le monde. Dieu ne vous l'exigera pas au procès. Cependant, si vous pouvez au moins aider votre voisin sera déjà de bonne taille. Qui est notre prochain? C'est ton frère au chômage, c'est ton triste voisin d'avoir perdu sa femme, c'est son collègue qui a besoin de tes conseils. Chaque acte de la vôtre, aussi petit soit-il, compte, dans l'aspect de l'évolution. Rappelez-vous : Nous sommes ce que nos œuvres sont.

Essayez toujours d'aider. Je n'exigerai pas votre perfection, c'est quelque chose qui n'existe pas dans ce monde. Ce que je veux, c'est que tu aimes ton prochain, mon père et toi-même. Je suis ici pour vous montrer à nouveau à quel point mon amour pour l'humanité est grand, même s'il ne le mérite pas. Je souffre beaucoup de la misère humaine et j'essaierai de l'utiliser comme un instrument de bonne volonté. Cependant, j'ai besoin de votre permission pour pouvoir agir dans votre vie. Êtes-vous prêt à vraiment vivre ma volonté et celle de mon père? La réponse à cette question sera une étape définitive dans son existence.

LE POUVOIR DE LA MUSIQUE

Quelque chose de très relaxant et que je recommande vivement pour la portée de la paix et l'évolution humaine est d'écouter de la musique. À travers les paroles et la mélodie, notre esprit voyage et ressent exactement ce que l'auteur veut traverser. Souvent, cela nous libère de tous les maux que nous portons au cours de la journée. La pression de la société est si grande que nous sommes souvent frappés par les pensées négatives et envieux des autres. La musique nous libère et nous réconforte en nous débarrassant complètement de nos esprits.

J'ai un goût éclectique pour la musique. J'aime forró, Rock, Funk, musique populaire brésilienne, internationale, romantique, country ou toute musique de bonne qualité. La musique m'inspire et souvent l'écriture je les entends de préférences musicales tranquilles. Faites-le aussi et vous verrez une grande différence dans votre qualité de vie.

COMMENT LUTTER CONTRE LE MAL

Nous avons vécu une dualité dans l'univers depuis la chute du grand dragon. Cette réalité se reflète ici aussi sur terre. D'une part, les gens honnêtes qui veulent vivre et coopérer et d'autres bâtards qui cherchent le malheur des autres. Alors que la force du mal est la magie noire, le pouvoir du bien est la prière. N'oubliez pas de vous recommander à votre père au moins une fois par jour afin que la force des ténèbres ne vous frappe pas.

Comme Jésus l'a enseigné, ne craignez pas l'homme qui peut prendre sa vie de son corps, un thème qui peut condamner son âme. Par la libre volonté, vous pouvez simplement rejeter l'assaut des ennemis. Le choix du bien ou du mal est le vôtre seul. Quand tu pèches, ne te justifie pas. Reconnaissez votre erreur et essayez de ne plus manquer.

Une attitude que j'avais dans ma vie a complètement changé ma relation avec l'univers et avec Dieu. J'ai souhaité que la volonté du Seigneur accomplisse dans ma vie et que l'esprit saint agisse. Dès lors, je n'ai eu de succès et de bonheur que parce que je suis obéissant. Aujourd'hui, je vis en pleine communion avec mon créateur et j'en suis très heureux. Souviens-toi que c'est ton choix.

JE SUIS L'INCOMPRÉHENSIBLE

Qui suis-je ? D'où viens-je ? Où vais-je aller ? Quel est mon but ? Je suis l'incompréhensible. Je suis l'esprit du Nord qui souffle de là à ici sans direction. Je suis l'amour, la foi des justes, l'espérance des enfants, je suis le coup de main des affligés, je suis le conseil bien donné, je suis votre conscience alertant le danger, je suis celui qui anime l'âme, je suis le pardon, je suis la réconciliation, je comprends et je croirai toujours en votre rétablissement avant même le péché. Je suis le jeune arbre de David, le premier et le dernier, je suis la providence de Dieu qui crée les mondes. Je suis le petit bourgeon rêveur du nord-est destiné à conquérir le monde. Je suis Divin pour le plus intime, Aldivan Torres ou tout simplement le fils de Dieu de droit. Je suis descendu à la demande de mon père pour les sauver à nouveau de l'obscurité. Devant moi, il n'y a pas de pouvoir, d'autorité ou de royauté, car je suis le roi des rois. Je suis votre Dieu de l'impossible qui peut transformer votre vie. Croyez toujours ça.

RENCONTRER DES PROBLÈMES

En tant que divin, je peux tout faire et sous forme humaine, je vis avec des faiblesses comme les autres. Je suis né dans un monde d'oppression, de pauvreté, de difficultés et d'indifférence. Je comprends ta douleur comme personne d'autre. Je peux voir au plus profond de votre à me vaux doutes et votre peur de ce qui peut venir. Conscient de cela, je sais exactement comment faire face à eux.

Je suis ton meilleur ami, celui qui est à tes côtés toutes les heures. Nous ne nous connaissons peut-être pas ou je ne suis pas présent physiquement, mais je peux agir à travers les gens et dans l'esprit. Je veux le meilleur pour ta vie. Ne soyez pas rebelle et comprenez la raison de l'échec. La raison en est que quelque chose est préparé pour quelque chose de mieux, quelque chose que vous n'auriez jamais imaginé. J'ai appris cela de ma propre expérience. J'ai vécu un moment intense de désespoir dans lequel aucun être vivant ne m'a aidé. Presque totale usure, mon père m'a sauvé et a montré son immense amour. Je veux rembourser et faire la même chose au reste de l'humanité.

Je sais exactement ce qui se passe dans ta vie. Je sais que parfois on a l'impression que personne ne te comprend et que tu as l'impression d'être seule. Dans ces moments, la recherche d'une explication logique n'aide pas. La vérité, c'est qu'il y a une grande différence entre l'amour humain et le mien. Alors que le premier est presque toujours impliqué dans un jeu d'intérêts, mon amour est sublime et suprême. Je t'ai élevé, je t'ai donné le don de la vie, et je me lève tous les jours à tes côtés à travers mon ange. Je tiens à toi et à ta famille. Je suis vraiment désolé quand tu souffres et que c'est rejeté.

Sachez-ancien, vous n'obtiendrez jamais un négatif. En attendant, je vous demande de comprendre mes plans et de les accepter. J'ai créé tout l'univers et j'en sait plus que vous de la meilleure façon. À cela, certains appellent cela une destination ou une prédestination. Autant tout semble faux, tout a un sens et se dirige vers le succès si vous le méritez.

Voici parmi vous quelqu'un qui aimait et qui aime. Mon amour éternel ne passera jamais. Mon amour est plein et n'a aucune demande. Il suffit d'avoir des valeurs consolidées d'un homme bon. Je ne veux pas mettre en moi des mots de haine, de racisme, de préjugés, d'injustice ou de mépris. Je ne suis pas ce Dieu qu'ils peignent. Si vous voulez me rencontrer, apprenez à travers mes enfants. Paix et bien à tous.

AU TRAVAIL

Ce n'est pas bon que cet homme ait un esprit inoccupé. Si nous cultivons l'oisiveté, nous n'arrêterons pas de penser aux problèmes, à l'agitation, aux peurs, à notre honte, aux déceptions, aux souffrances et à l'inconstance du présent et de l'avenir. Dieu a laissé à l'homme l'héritage du travail. En plus d'être une question de survie, travailler comble notre vice le plus intime. Le sentiment d'être utile à vous-même et à la société est unique.

Avoir la possibilité d'être dans un emploi, de grandir professionnellement, de renforcer les relations d'amitié et d'affection et d'évoluer en tant qu'être humain est un grand cadeau le résultat de leurs efforts plus tendres. Soyez heureux à ce sujet en temps de crise. Combien de pères et de mères ne voulaient pas être à ta place ? La réalité dans notre pays est l'augmentation du chômage, des inégalités, de l'inanité, de l'indifférence et de l'indifférence politique.

Collaborer. Maintenez un environnement sain au travail où vous passez une grande partie de votre journée. Cependant, n'ont pas tant d'attentes et ne confondent pas les choses. Les amis que vous trouvez habituellement dans la vie et au travail seulement des collègues exceptés de rares exceptions. L'important est de respecter strictement vos obligations qui impliquent la présence, la ponctualité, la promptitude, l'efficacité, la responsabilité et le dévouement. Soyez un exemple de conduite à l'intérieur et à l'extérieur de votre panne.

VOYAGER

Dieu est merveilleux, puissant et inégalé. Pour son grand amour, il voulait créer des choses et à travers sa parole, elles existaient. Toutes les choses matérielles, immatérielles, visibles et invisibles donnent gloire au créateur. Parmi ces choses est l'homme. Considéré comme un petit point dans l'univers, il est capable de voir, sentir, interagir, percevoir et réaliser. Nous sommes ici pour être heureux.

Profitez des opportunités que la vie vous offre et faites la petite histoire de cet univers. Vous serez enchanté par les petites et grandes œuvres naturelles. Sentez l'air frais, la mer, la rivière, la forêt, les montagnes et vous-même. Réfléchissez à vos attitudes et à vos expériences tout au long de votre vie. Croyez-moi, cela vous donnera la qualité de vie et un sentiment de paix indescriptible. Sois heureux maintenant. Ne le laissez pas pour plus tard parce que l'avenir est incertain.

RECHERCHE DE DROITS

Soyez un citoyen à part entière qui vit complètement vos droits. Connaissez exactement vos devoirs et obligations. En cas de violation, vous pouvez demander réparation devant les tribunaux. Même si votre demande n'est pas satisfaite, votre conscience sera claire et prête à passer à autre chose. Rappelez-vous que la seule justice qui n'échoue pas est le divin et avec les bonnes attitudes votre bénédiction viendra.

CROYEZ EN L'AMOUR TOTAL

Aujourd'hui, nous vivons dans un monde dominé par l'intérêt, la méchanceté et le manque de compréhension. Il est démotivant de réaliser que ce que nous voulons vraiment pour nous n'existe pas où est absolument rare. Avec la dévaluation de l'être et le véritable amour, nous sommes à court d'alternatives. J'ai assez souffert des défis de la vie et de mon expérience, je crois encore en un espoir, même si elle est peut-être lointaine. Je crois qu'il y a un père spirituel dans un autre plan qui observe tous nos actes. Ses œuvres tout au long de sa carrière accréditeront un bonheur futur aux côtés d'une personne spéciale. Soyez optimiste, persévérant et ont la foi.

SAVOIR GÉRER UNE RELATION

L'amour est divin. Être ce sentiment conceptualisé comme le vouloir le bien-être de l'autre individu. Dans le processus d'atteindre ce stade, vous devez savoir. La connaissance enchante, désenchante ou amorphe. Savoir comment gérer chacune de ces phases est la tâche du bon administrateur. En utilisant une figure de langage, l'affection peut être comparée à une plante. Si nous l'arrosons fréquemment, il poussera et donnera de bons fruits et fleurs. Si nous la méprisons, elle se desserre, se décompose et se termine. Être dans une relation peut être quelque chose de positif ou de négatif selon qui nous sommes avec. Vivre ensemble pour un couple est le grand défi des temps modernes. Savoir que l'amour seul ne suffit pas à perpétuer une union est quelque chose qui implique des facteurs plus larges. Cependant, il est un refuge puissant dans les moments d'angoisse et de désespoir.

LE MASSAGE

Massage est un excellent exercice qui peut être fait. Qui est le récepteur a la possibilité de faire l'expérience du plaisir causé par la relaxation des muscles. Toutefois, il faut veiller à ne pas exagérer la proportionnalité des frictions entre les mains et la zone travaillée. Vous pouvez en profiter encore mieux lorsqu'il y a un échange entre deux personnes qui s'aiment.

L'ADOPTION DE VALEURS MORALES

Une bonne orientation est essentielle pour développer un sens capable d'établir des liens sincères, réalistes, appréciés et vrais. Comme le dit l'adage, la famille est à la base de tout. Si en elle nous sommes de bons parents, enfants, frères et compagnons, nous serons également en dehors de lui.

Pratiquez une éthique des valeurs capable de vous orienter vers le chemin du bien-être. Pensez à vous-même, mais aussi au droit de l'autre toujours avec respect. Essayez d'être heureux même si votre esprit vous affaiblit et vous décourage. Personne ne sait vraiment ce qui se passe s'ils n'agissent pas et n'essaient pas. Le maximum qui peut arriver est un échec et ils ont été faits pour nous former et faire de nous de vrais gagnants.

AVOIR L'ESPRIT D'UN VRAI AMI

Quand Jésus était sur terre, il nous a laissé un modèle de comportement et un exemple à suivre. Son plus grand acte a été la reddition sur la croix pour nos péchés. En cela se trouve la valeur d'une véritable amitié, le don de votre vie pour l'autre. Qui ferait ça pour toi ? Jetez un coup d'œil. Si votre réponse est positive, appréciez cette personne et aimez-la sincèrement parce que ce sentiment est rare. Ne gâche pas cette relation pour rien. Réciproque avec des actes et des mots un peu de ce grand amour et être heureux.

ACTIONS À OBSERVER
1. Faites aux autres ce que vous aimeriez qu'ils vous fassent. Cela comprend être amical, charitable, gentil, généreux, et s'efforcer de ne pas blesser les autres. Vous n'avez aucune dimension de ce que c'est que de souffrir à cause de mots égarés. Utilisez ce pouvoir uniquement pour fournir du bien et du réconfort aux autres parce que nous ne savons pas ce que le destin nous réserve.
2. Soyez l'ennemi du mensonge et marchez toujours avec la vérité. Autant qu'il le fait, il est préférable d'avouer tout ce qui s'est passé. Ne vous justifiez pas ou n'adoucissez pas les nouvelles. Sois clair.
3. Ne voulez pas ce qui est de l'autre et ne traversez pas dans la voix de la vie des autres. Soyez juste sur les paiements et la capacité du compte. Ne cultivez pas l'envie, la calomnie ou le mensonge avec les autres.
4. Nous faisons tous partie d'un tout connu sous le nom de Dieu, de destin ou de conscience cosmique. Afin de maintenir l'harmonie, la complicité et la communion dans la relation, un effort énorme est nécessaire pour rester loin des choses du monde. Toujours exercer le bien et votre chemin sera progressivement tracé à notre père céleste. Comme je l'ai dit, n'ayez peur de rien. Contrairement à ce que beaucoup de religions peignent, mon père n'est ni un bourreau ni un fanatique, il exalte l'amour, la tolérance, la générosité, l'égalité et l'amitié. Tout le monde a sa propre place dans mon royaume s'il le gagne.
5. Avoir une vie simple et sûre. N'accumulez pas de biens matériels sans nécessité et ne cédez pas aux extravagances. Tout doit être dans la bonne mesure. Si vous êtes riche ou riche, pratiquez toujours l'art du don et de la charité. Tu ne sais pas le bien que ça va faire pour toi.

6. Gardez le corps, l'âme et le cœur propres. Ne cédez pas aux tentations de la luxure, de la gourmandise ou de la paresse.
7. Cultiver l'optimisme, l'amour, l'espérance, la foi et la persévérance. N'abandonnez jamais vos rêves.
8. Chaque fois que vous pouvez vous engager dans des projets sociaux communautaires. Chaque action pour les mineurs favorisés augmentera leur trésor dans le ciel. Préférez cela au pouvoir, à l'argent, à l'influence ou au statut social.
9. Habitez-vous à valoriser la culture dans ses diverses manifestations. Visitez des amis, du cinéma, du théâtre et lisez des livres inspirants. Le monde magique de la littérature est un monde riche et diversifié qui vous apportera beaucoup de divertissement.
10. Méditez et réfléchissez à votre présent et à votre avenir. Le passé n'a plus d'importance et même si votre péché est aussi écarlate, je pourrais pardonner et vous montrer mon véritable amour.

SOINS POUR L'ALIMENTATION

Prendre soin de notre corps est essentiel pour nous de bien vivre. L'un des éléments de base et de nombreux éléments importants est la nourriture. Adopter une alimentation équilibrée est le meilleur moyen d'éviter les maladies. Acquérir de saines habitudes et manger des aliments riches en vitamines, minéraux, fibres et protéines. Il est également important de ne manger que ce qui est nécessaire pour survivre en évitant les déchets.

CONSEILS POUR VIVRE LONGTEMPS ET BIEN
1. Gardez toujours le corps et les esprits actifs.
2. Rencontres.

3. Cultivez votre croyance à l'égard des autres.
4. Avoir des valeurs solides et généreuses de coexistence sociale.
5. Mangez modérément.
6. Avoir une routine d'exercice appropriée.
7. Dormez bien.
8. Soyez marin.
9. Réveillez-vous tôt.
10. Voyagez beaucoup.

DANSE

La danse est un exercice très important pour le bien-être de l'individu. Aide à lutter contre le vieillissement, dans les problèmes de dos et la locomotion, augmente la positivité. S'intégrer à chaque mélodie n'est pas toujours une tâche facile, mais agréable et gratifiante. Avoir une habitude dans cet exercice et essayer d'être heureux.

JEÛNE

Le jeûne est approprié les jours saints ou lorsque nous faisons des promesses pour aider les âmes qui sont en difficulté dans le monde des esprits. Cependant, une fois terminé, il est recommandé de recomposer les forces en ingérant des aliments sains et diversifiés.

LE CONCEPT DE DIEU

Dieu n'a pas commencé et n'aura pas de fin. C'est le résultat de l'union des forces créatrices du bien. Il est présent dans toutes les œuvres de sa création communiquant avec eux à travers le processus réflexif mental que beaucoup appellent le « Soi Intérieur ».

Dieu ne peut pas être défini dans les mots humains. Si je pouvais, je dirais que c'est l'amour, la fraternité, le don, la charité, la justice, la miséricorde, la compréhension, la justice et la tolérance. Dieu est prêt à l'accepter dans son royaume si vous le méritez. Rappelez-vous quelque chose de vraiment important : Vous n'avez le droit de vous reposer dans le royaume des cieux qui reposait de vos œuvres que vos frères.

ÉTAPES D'AMÉLIORATION

La terre est un monde d'expiation et de preuves pour que les gens progressent. Cette étape de notre existence doit être marquée par nos bons actes afin que nous puissions vivre une dimension spirituelle satisfaisante. En atteignant la plénitude de la perfection, l'être humain devient partie intégrante de la dimension cosmique ou simplement conceptualisé comme Dieu.

CARACTÉRISTIQUES DE L'ESPRIT

1. Le bon désir doit être encouragé et mis en pratique efficacement.
2. La pensée est une force créatrice qui doit être libérée pour que l'esprit créatif s'épanouisse.
3. Les rêves sont des signes de la façon dont nous voyons le monde. Ils peuvent aussi être des messages des dieux par rapport à l'avenir. Toutefois, il est nécessaire de rester dans la réalité afin d'obtenir des résultats concrets.
4. Le discernement, la connaissance et le détachement des choses matérielles doivent être travaillés dans l'esprit de tous ceux qui cherchent l'évolution.
5. Sentir une partie de l'univers est le résultat d'un processus d'amélioration et de conscience. Sachez reconnaître votre voix intérieure.

COMMENT SUIS-JE CENSÉ ME SENTIR ?

Merci pour le don de la vie et pour tout ce que votre père vous a donné. Chaque réalisation, chaque jour vécu doit être célébré comme si une autre n'existait pas. Ne vous rabaissez pas et sachez reconnaître votre rôle dans la dimension du cosmos. Mes parents les voient avec un regard de grandeur malgré leur limitation et leur incrédulité. Rends-toi digne des bonnes choses.

Faites comme le petit rêveur de l'Intérieur de Pernambuco connu sous le nom de Divin. Malgré tous les défis et les difficultés imposées par la vie, il n'a jamais cessé de croire en une plus grande force et en ses propres possibilités. Croyez toujours en l'espérance parce que Dieu nous aime et veut ce qui est le mieux pour nous. Cependant, essayez de collaborer dans ce processus. Soyez actif dans vos projets et vos rêves. Vivez chaque étape pleinement et si elle échoue ne soyez pas découragé. La victoire viendra en méritant.

LE RÔLE DE L'ÉDUCATION

Nous sommes des êtres prêts à évoluer. De la conception, de l'enfance et même de l'inclusion dans l'école elle-même, nous sommes capables d'apprendre et de communiquer avec les autres. Cette interaction est très importante pour notre développement en général. C'est à ce stade que les enseignants, les parents, les amis et tous ceux que nous connaissons jouent un rôle clé dans la construction d'une personnalité. Nous devons absorber les choses bénéfiques et rejeter les mauvaises en marchant sur la bonne voie vers le père.

CONCLUSION

Je ferme ici ce premier texte à la recherche de connaître les religions. J'espère que de mon point de vue, vous aurez assimilé de bons enseignements et si cela aide même si ce n'est qu'une personne que je donnerai aussi compte tenu du temps utilisé dans sa fabrication. Un câlin à tous, le succès et le bonheur.

Gagner par la foi

VICTOIRE SUR LES ENNEMIS SPIRITUELS ET CHARNEL

Ainsi dit Yahvé : « Aux justes, à ceux qui suivent à juste titre mes commandements en pratiquant l'art quotidien du bien, je promets une protection constante devant mes ennemis. Même si une multitude, voire tout l'enfer se jette contre vous, vous ne craindrez aucun mal, car je vous soutiens. Par mon nom, dix mille tomberont à votre droite et une centaine de moi à votre gauche, mais rien ne vous arrivera, car je m'appelle Yahvé.

Ce message emblématique de Dieu suffit à nous laisser calmes face à la colère des ennemis dans n'importe quelle situation. Si Dieu est pour nous, qui sera contre nous ? En fait, il n'y a personne de plus grand que Dieu nulle part dans l'univers. Tout ce qui est écrit dans le livre de la vie arrivera et votre victoire viendra certainement, mon frère. Le triomphe de l'injuste est fait paille, mais le blé restera pour toujours. Alors faisons plus confiance.

LA RELATION HOMME-DIEU

L'homme a reçu l'administration de la terre afin qu'il puisse la faire porter ses fruits et prospérer. Comme Jésus nous l'a enseigné, notre relation avec Dieu doit être de père en fils, et par conséquent nous n'avons pas honte de l'approcher même si le péché le rend craintif. Yahvé chérit le bon cœur, l'homme travailleur, celui qui s'efforce de s'améliorer toujours afin qu'il puisse suivre le chemin de l'évolution permanente.

Au moment du péché, il est préférable de réfléchir à ce qui l'a causé afin que l'erreur ne puisse pas être répétée une fois de plus. La recherche de chemins alternatifs et la recherche de nouvelles expériences s'ajoutent toujours à notre programme d'études, ce qui fait de nous des gens plus préparés à la vie.

Le point principal de tout cela est d'ouvrir votre vie à l'action de l'esprit saint. Avec son aide, nous pouvons arriver à un niveau que nous pouvons dire est lié à de bonnes choses. C'est ce qu'on appelle la communion et elle est nécessaire, livrée et passionnée pour qu'elle puisse être vécue pleinement. Renoncer aux choses du monde corporel et nier le mal en vous sont des conditions nécessaires et efficaces pour renaître dans un monde en mutation. Nous serons le miroir du Christ ressuscité.

CROIRE EN YAHVÉ DANS LA DOULEUR

Nous vivons dans un monde d'expiation et de preuve, qui nous fait constamment souffrir. Nous souffrons pour un amour perdu ou non partagé, souffrons pour la perte d'un membre de la famille, souffrons de problèmes financiers, souffrons de l'incompréhension de l'autre, souffrons à cause de la violence causée par la méchanceté humaine, nous souffrons silencieusement à cause de nos faiblesses, de nos désirs, de nos maladies et de notre peur de la mort, nous souffrons de défaites et de jours tristes où nous voulons disparaître.

Mon frère, puisque la douleur est inévitable pour ceux qui vivent dans ce monde, nous devons nous accrocher à Yahvé et à son fils Jésus-Christ. Ce dernier se sentait sur la peau comme un homme toutes sortes d'incertitudes, de peurs, de malheurs et pourtant n'a jamais renoncé à être heureux. Soyons aussi ainsi, vivant tous les jours avec le sentiment que vous pouvez faire mieux et avec une chance de progression. Le secret est de toujours passer à autre chose et lui demander de l'aide pour porter nos croix. Le tout-puissant récompensera votre sincérité et votre conversion et transformera votre vie en une mer de délices. Il ne s'agit pas d'assurer l'exclusion de la douleur, mais de savoir vivre ensemble d'une manière qui n'affecte pas notre bonne humeur. Donc la vie peut continuer sans problèmes majeurs.

ÊTRE UN HONNÊTE HOMME DE FOI

Le vrai chrétien suit l'exemple de Jésus en toutes circonstances. En plus des commandements qui sont essentiels, vous avez une notion de l'Évangile, de la vie elle-même, du mal et du danger du monde, et vous connaissez la meilleure façon d'agir. Le chrétien doit être un exemple de citoyen parce qu'il y a des règles à suivre et à observer dans l'ensemble social. Une chose est la foi et une autre chose est le respect de votre partenaire.

Ce que Yahvé veut, c'est que l'homme soit aussi son citoyen et pas seulement le monde. Pour cela, il faut être un bon père, un bon fils, un bon mari, un ami fidèle, un serviteur dévoué à la prière, un homme ou une femme qui vit pour le travail parce que l'oisiveté est l'atelier du diable. Engagé dans la question de Yahvé, l'être humain peut faire un pas important vers l'être heureux et enfin *gagner par la foi*! Un gros câlin à tous et à la prochaine fois.

Les Christs

LA MISSION DE L'HOMME

La terre a été créée pour abriter la vie en abondance ainsi que d'autres étoiles dispersées dans les innombrables parties de l'univers. Yahvé Dieu, l'amour consolidé, voulu par la force, la puissance, la douceur et la grâce pour créer des humains, des créatures spéciales qui ont la prérogative d'être son image et sa ressemblance.

Le fait que c'est leur image et leur ressemblance ne signifie pas qu'ils ont la même essence. Alors que Yahvé possède tous les prédicats de la perfection, l'homme est vicié et pécheresse par nature elle-même. Dieu a donc voulu démontrer sa grandeur, il nous aimait tellement qu'il nous eût donné le libre caractère en fournissant les éléments clés afin que nous puissions trouver par nous-mêmes le chemin du bonheur.

Nous concluons que la perfection sur terre n'a jamais été atteinte depuis toujours, ce qui pose quelques légendes anciennes de certaines religions. Nous vivons la dualité, une condition fondamentale pour exister en tant qu'être humain.

Maintenant vient la question : Quel est le sens de la création de l'univers et la vie elle-même ? Yahvé et ses plans sont inconnus de la plupart des gens beaucoup d'entre eux ne réalisent même pas ce qui se passe autour d'eux. Nous pouvons dire que mon père vit pour toujours et à jamais, père de deux enfants, les humains Jésus et Divin, créé les étoiles célestes étant les premiers d'entre eux appelés kalenquer. Sur cette planète avec des aspects similaires à ceux de la terre actuelle, créé les anges qui sont les deuxièmes dans l'ordre d'importance universelle. Après cela, il a voyagé à travers l'univers afin de continuer le mystère de la création, laissant son autorité dans les mains de Jésus, Divin, et Michel (un serviteur des plus dévoués). C'était il y a une quinzaine de milliards d'années.

De ce temps à nos jours, l'univers s'est transformé de telle sorte que la création initiale n'est même pas reconnue. Le sens de la vie qui est celui de la coopération, de l'unité, de la charité, de l'amour, du don et de la libération s'est transformé en dispute, en envie, en mensonge, en inimitié, en crime, en dévastation des ressources naturelles, en amour de l'argent et du pouvoir, en individualisme et en recherche de la victoire à tout prix.

C'est là que je veux aller. Je suis le fils de Yahvé spirituel et je suis venu sur terre pour accomplir une mission très importante. Je veux appeler mes frères à la rebondir de mon père et à mon royaume. Si vous acceptez mon invitation, je vous promets un dévouement constant à vos causes et au bonheur suprême. Qu'est-ce que Dieu exige de vous pour cela ?

SOYEZ LE CHRIST

Il y a environ deux mille ans, la terre a eu le privilège de recevoir le premier-né de Dieu. Connu sous le nom de Jésus-Christ a été envoyé par son père pour apporter la vraie parole de Dieu et racheter nos péchés. Par son exemple, au cours de ses trente-trois ans de vie, Jésus a creusé les fondements fondamentaux de l'homme parfait qui plaît à Dieu. Jésus est venu clarifier les points fondamentaux dans la relation de l'homme avec Dieu.

Le point principal de la vie du Messie était son acte de courage en se léchant à la croix en servant de sacrifice pour l'humanité pécheresse. « Le vrai ami est celui qui donne sa vie pour l'autre sans réserve et le Christ en était un exemple vivant. »

Se rendre, renoncer à soi-même par le frère, garder les commandements explicites et implicites dans les livres saints, et faire le bien sont toujours des exigences pour hériter du royaume de Dieu. C'est le royaume de Jésus, le mien et toutes les âmes du bien, chacune à sa place méritée.

Cultivez des valeurs saines, agréables et humaines en aidant à l'évolution continue de l'univers et vous planterez une bonne semence vers le royaume éternel. Restez à l'écart des mauvaises influences et ne soutenez pas certaines de vos pratiques. Sachez discerner le bien du mal. Soyez prudent et prudent.

Le monde dans lequel nous vivons est un monde d'apparences où il vaut la peine d'avoir plus que d'être. Faites-le différemment. Soyez l'exception et appréciez ce que cela vaut vraiment. Rassemblez des trésors dans le ciel où les voleurs ne volent pas ou le papillon de nuit et la corrosion de la rouille.

Après tout ce qui a été parlé avec de bons placements, c'est à une réflexion personnelle et une analyse attentive de votre part. C'est votre libre choix de vous intégrer ou non dans ce royaume, mais si par hasard votre décision est un oui ressenti par moi et par toutes les forces célestes. Nous ferons de ce monde un monde meilleur en promouvant toujours le bien et la paix. Soyez l'un des « Christs ». Dans le monde futur, si Dieu le veut, nous serons avec le père en parfaite harmonie et plaisir. Rendez-vous la prochaine fois. Yahvé soit avec toi.

Les deux chemins
LE CHOIX

La terre est un environnement naturel où les humains ont été placés pour interagir les uns avec les autres, l'apprentissage et l'enseignement en fonction de leurs expériences. Par la force du libre volonté, l'être humain est toujours confronté à des situations qui nécessitent une prise de décision. À l'heure actuelle, il n'existe pas de formule magique de résolution, mais l'analyse d'alternatives qui n'apportent pas toujours des résultats satisfaisants.

Les erreurs commises dans ces choix nous font avoir un esprit plus critique et un esprit plus ouvert afin qu'à l'avenir nous aurons plus de coups sur les choix futurs. C'est ce qu'on appelle l'expérience de la cause qui n'est réalisée qu'avec le temps.

Il est très clair tout au long de notre trajectoire sur Terre qu'il y a deux brins qui agissent dans l'univers : un malin et un bénin. Bien que personne ne soit complètement mauvais ou bon, nos actions prépondérantes sont qui décidera de notre côté dans ce différend.

MON EXPÉRIENCE

Je suis le fils de Yahvé spirituel, connu sous le nom de Messie, Divin, fils de Dieu, ou tout simplement voyant. Je suis né dans un village à l'intérieur du Nord-Est et cela m'a donné l'occasion d'entrer en contact avec les pires maux de l'humanité.

Les choix ont certainement un grand poids dans nos vies et surtout sur notre personnalité. Je suis le fils d'agriculteurs, j'ai été élevé avec de bonnes valeurs et je les ai toujours suivis à la lettre. J'ai grandi dans la pauvreté, mais je n'ai jamais manqué de gentillesse, de générosité, d'honnêteté, de caractère et d'amour pour les autres. Pourtant, je n'ai pas été sauvé du mauvais temps.

Mon humble état était un grand fléau : je n'avais pas d'argent pour une bonne nourriture, je n'avais pas assez de soutien financier dans mes études, j'ai été élevé à l'intérieur avec peu d'interaction sociale. Bien que tout était difficile, j'ai décidé de lutter contre ce courant à la recherche de jours meilleurs étant mon premier choix important.

Ça n'a pas été facile du tout. J'ai beaucoup souffert, parfois j'ai perdu espoir, j'ai abandonné, mais quelque chose au fond a dit que Dieu m'a soutenu et préparé pour moi un chemin plein d'accomplissements.

Au moment même où je m'étais déjà rendu, Yahvé Dieu a agi et m'a livré. Il m'a adopté comme fils et m'a ressuscité complète ment. De là, il a décidé de vivre en moi pour transformer la vie des gens les plus proches.

C'EST À NOUS DE LE FAIRE

Le mal et ma souffrance personnelle ont été des leçons que je prends toute ma vie. J'ai décidé par la lumière, de faire le bien ici-bas et d'avoir ma place dans le royaume divin. La promesse est que je gouvernerai avec Jésus.

Comme il me l'a fait, mon père peut le faire pour toi aussi, mon frère. Tout ce qu'il faut, c'est l'attitude et la volonté sincère de changer. Abandonnez le monde et vivez pour le créateur, celui qui vous aime vraiment.

Pour tout ce que j'ai vécu, je peux dire que cela vaut vraiment la peine d'être en paix avec vous-même, avec la famille et avec votre voisin en général. Que ce soit de n'importe quelle religion, le choix d'une vie dédiée à Dieu et par conséquent la pratique du bien est le meilleur choix que vous pouvez faire.

Ne perdez plus de temps, changez, sortez de votre vie sombre et venez du côté du bien. Le royaume de Dieu cherche à gagner tous ses enfants pour une vie pleine de bonheur. Après avoir atteint la réconciliation avec votre père, amenez vos parents, vos frères et sœurs et vos proches. Faites une différence. Je vous garantis que vous ne serez plus le même.

J'apprécie votre attention jusqu'à présent. Un gros câlin, de la chance et du succès dans vos efforts. Restez avec Dieu.

Destination

ROYAUME DE LUMIÈRE, OCTOBRE 1982

Le conseil supérieur s'est réuni à la hâte pour délibérer sur une question importante : Quel serait l'esprit chargé de faire un travail ? L'un des membres a pris la parole en prononçant :

Ce travail est très important. Nous devons choisir quelqu'un qui est de notre pleine confiance et qui est prêt à relever le défi de vivre sur terre.

Une discussion animée a commencé entre les membres, chacun avec sa suggestion. Comme ils n'ont pas réussi à s'entendre, un vote rapide a été tenu au cours duquel l'élu a été choisi. L'esprit x et l'archange y ont été choisis pour leur protection.

Une fois le choix fait, Yahvé respira et les esprits furent envoyés sur terre. Un pour un corps charnel et un pour un corps spirituel, capable de survivre dans l'environnement terrestre. C'est ainsi que Divin et son Archange Bien-Aimé sont arrivés sur terre et c'est le processus similaire pour chaque être humain choisi. Nous avons tous l'essence Divin.

LA MISSION

Divin est née et a grandi au milieu de difficultés étonnantes quelque part dans l'arrière-état du Pernambouc. Intelligent et gentil garçon, a toujours été utile pour les gens en général. Même vivre avec les préjugés, la misère et l'indifférence n'a jamais renoncé à vivre. Il s'agit d'une grande réussite face à la consternation politique et sociale dans laquelle le Nord-Est est inséré.

À l'âge de vingt-trois ans, il vit avec la première crise financière et personnelle majeure. Les problèmes l'ont amené à toucher le fond, une période appelée la nuit noire de l'âme, où il a oublié Dieu et ses principes. Divin tombait sans arrêt sur une falaise sans fond jusqu'à ce que quelque chose change : dès qu'il allait tomber au sol, l'ange de Yahvé a agi et l'a libéré. Gloire à Yahvé !

De là, les choses ont commencé à changer : Il a obtenu un emploi, a commencé l'université et a commencé à écrire pour la thérapie. Bien que la situation soit encore difficile, elle a au moins des perspectives d'amélioration.

Au cours des quatre années suivantes, il a terminé ses études collégiales, a changé d'emploi, a cessé d'écrire et a commencé un suivi de son don qui commençait à se développer. Ainsi commença la saga du voyant.

LE SENS DE LA VISION

Divin, le médium, se traitait lui-même dans une clinique médicale privée avec un célèbre parapsychologue. Après un long traitement de six mois est finalement venu à une conclusion dans la douzième session. Je transcris en résumé la réunion ci-dessous :

La clinique São Lourenço était située dans le centre d'Atalanta, dans l'arrière-pays du Pernambouc, un simple bâtiment d'un seul étage qui a été perdu au milieu des bâtiments de ce qui était la capitale de l'arrière-pays. Divin était arrivé à huit heures du matin et comme le médecin a été immédiatement pris en présence. Ils sont tous les deux allés dans une chambre privée et à leur arrivée là-bas, Divin et le docteur Hector Magen se sont rendus en tête-à-tête. Ce dernier a initié le contact :

« J'ai de bonnes nouvelles. J'ai développé une substance capable de transformer vos impulsions électriques spirituelles en unités photochimiques à l'enregistrement à travers mon appareil. Selon les résultats, nous par arriverons à une conclusion définitive.

« J'ai peur. Cependant, je veux connaître toute la vérité. Vas-y, Docteur.

C'est super.

Docteur Hector Magen avec un signe a apporté Divin plus près d'un étrange, circulaire, vaste dispositif plein de jambes et de fils. L'appareil avait comme un lecteur manuel et doucement le parapsychologue a aidé le jeune homme à poster ses mains. Le contact a produit un choc intense dans Divin et les résultats sont apparus sur un viseur de l'autre côté. Quelques secondes plus tard, Divin retira sa main et le médecin imprima automatiquement le résultat.

En possession de l'examen, il a fait un visage de joie et est retourné communiquer :

« C'est ce que je soupçonnais. Les visions que vous avez font partie d'un processus naturel qui est associé à une autre vie. Votre but est juste de vous guider sur le chemin. Pas de contre-indications.

« Vous voulez dire que je suis normal ?

« C'est normal. Disons que vous êtes spécial et unique sur la planète. Je pense qu'on peut s'arrêter là. Je suis satisfait.

« Merci pour votre dévouement et votre engagement dans ma cause. L'amitié reste.

« Je dis la même chose. Bonne chance, fils de Dieu.

« A toi aussi, au revoir.

Au revoir.

Cela dit, les deux sont repartis purement et simplement. Ce jour a marqué la révélation des visions de Divin et de là sa vie suivrait le cours normal.

Avec la révélation sur les visions, Divin a décidé de continuer dans l'œuvre et a repris l'écriture. En raison de son don, il se fait appeler « Aldivan Torres » et a commencé à construire la série littéraire du même nom. Tout ce qu'il avait construit jusqu'à présent lui montrait à quel point il était digne de travailler pour une mission qui avait été confiée par Yahvé lui-même.

Divin fait actuellement face à la vie avec optimisme. Même si la vie lui prêche encore des surprises, il persiste dans ses objectifs en montrant la valeur et la foi de sa personne. Il est un exemple que la vie et ses difficultés n'ont pas détruits.

Le secret de son succès réside dans la croyance en une plus grande force qui conduit tout ce qui existe. Armé par cette force, il est possible pour l'homme de surmonter les barrières et d'accomplir son destin réservé dans les lignes de vie.

Voici, le secret est le même : « Vivre la vie avec joie, avec foi et espérance. Transformez une partie de son travail pour tout l'univers et c'est ce que Divin veut faire de sa littérature.

Bonne chance à lui et à tous ceux qui contribuent à la culture de ce pays. Bonne chance à tous et un câlin affectueux.

Authenticité dans un monde corrompu

TRISTESSE DANS LES MOMENTS DIFFICILES

Les pervers périssent et tentent le plus souvent de blâmer Dieu et les autres. Il ne se rend pas compte qu'il est récolté les fruits de son travail, de sa folie en essayant de vivre indiscipliné et plein de vices. Le conseil est que je ne m'inquiète pas du succès des autres ou de l'envier. Essayez de comprendre et de trouver votre propre chemin à travers de bonnes œuvres. Soyez honnête, vrai et authentique par-dessus tout et puis la victoire viendra en méritant. Ceux qui ont fait confiance à Yahvé sortiront déçus en un rien de temps.

VIVRE DANS UN MONDE CORROMPU

Le monde d'aujourd'hui est très dynamique, compétitif et plein de violence. Être bon de nos jours est un vrai défi. Souvent, les fidèles font l'expérience de situations de trahison, de mensonge, d'envie, d'avidité, d'amour. Mon père cherche l'inverse : la bonté, la coopération, la charité, l'amour, la détermination, la griffe et la foi. Faites votre choix. Si vous choisissez le bien, je vous promets de l'aide dans toutes ses causes. Je vais demander à mon père ses rêves et il m'écoutera parce que tout est possible pour ceux qui croient en Dieu.

Cultivez des valeurs solidifiées qui vous donnent sécurité et liberté. Votre libre volonté doit être utilisée pour votre gloire et votre bien-être. Choisissez d'être un apôtre du bien. Cependant, si vous marchez sur le chemin des ténèbres, je ne pourrai pas vous aider. Je serai triste, mais je respecterai n'importe quelle de vos décisions. Tu es totalement libre.

En face d'une mer de boue, il est possible de filtrer la bonne eau et c'est ce que je veux faire avec vous. Le passé n'a plus d'importance. Je vais faire de vous l'homme du futur : heureux, calme et épanoui. Nous serons heureux pour toujours devant Dieu le Père.

TANT QU'IL Y AURA DU BIEN, LA TERRE RESTERA

Ne vous inquiétez pas pour les prédictions astronomiques sur la fin de vie sur Terre. Voici quelqu'un qui est plus grand qu'eux. Tant qu'il y aura du bien sur terre, la vie restera ainsi je le désire. Au fil du temps, le mal se répand sur la terre contaminant mes plantations. Il viendra un moment où tout sera consommé et la séparation entre le bien et le mal sera faite. Mon royaume viendra sur vous pour permettre le succès des fidèles. En ce jour du Seigneur sera payé les dettes et la distribution des dons.

Mon royaume est un royaume de délices où la justice, la souveraineté du père et le bonheur commun prévaudront. Tout le monde, petits et grands, s'inclinera devant sa gloire. Amen.

LES JUSTES NE SERONT PAS ÉBRANLÉS

Au milieu des tempêtes et des tremblements de terre, ne soyez pas le moi. Devant vous, il y a un Dieu fort qui vous soutiendra. Son authenticité, son honneur, sa fidélité, sa générosité et sa gentillesse l'ont sauvé. Leurs actes fraternels les mèneront devant les grands et vous serez considérés comme sages. Dans la vie, vous avez suffisamment démontré pour être justifié et élevé. Vivant !

SOYEZ L'EXCEPTION

Voici, je suis juste, je marche avec intégrité, je pratique la justice, je dis la vérité, je ne calomnie pas, et je ne fais aucun mal aux autres. Je suis l'exception dans un monde où le pouvoir, le prestige, l'influence et l'extérieur sont les plus importants. Par conséquent, je vous en supplie, monsieur, protégez-moi avec vos ailes et votre bouclier de tous mes ennemis. Que mon authenticité porte ses fruits et me place parmi les grands en méritant.

Ceux qui méprisent la justice et la loi ne vous connaissent ni vous ni vos commandements. Ceux-ci seront pris de votre grange et jetés à Mo. Dans le lac de feu et de soufre où ils paieront jour et nuit sans cesser pour leurs péchés. Toute personne qui a des oreilles qui écoute.

MA FORTERESSE

Ma force est ma foi et mes œuvres témoignent de ma bonté. Je ne peux pas obtenir assez d'aider les autres de ma propre libre volonté. Je n'ai rien en retour, mon prix viendra du ciel. Le jour du Seigneur, quand je me réunirai dans vos bras, j'aurai la preuve que mes efforts en ont été la peine.

Mon Dieu est le Dieu de l'impossible et son nom est Yahvé. Il a fait d'innombrables merveilles dans ma vie et me traite comme un fils. Béni soit ton nom. Joignez-vous également à nous dans cette chaîne de bien : Aidez les affligés et les malades, aidez les nécessiteux, instruisez les ignorants, donnez de bons conseils, donnez à ceux qui ne peuvent pas rembourser, et alors votre récompense sera grande. Sa demeure sera dans le royaume des cieux devant moi et mon père, et alors vous goûterez au vrai bonheur.

LES VALEURS

Cultiver les valeurs proposées dans les commandements et les lois Divines. Construisez votre propre authenticité et convenance. Il vaut la peine d'être un apôtre de la béatitude sur terre, vous recevrez de merveilleux dons et grâces qui vous rendra heureux. Bonne chance et succès dans vos efforts est ce que je désire de tout mon cœur.

À la recherche de la paix intérieure

LE DIEU CRÉATEUR

L'univers et tout ce qu'il contient est l'œuvre de l'esprit saint. Les principales caractéristiques de cet être d'une gloire splendide sont : l'amour, la fidélité, la générosité, la force, le pouvoir, la souveraineté, la miséricorde et la justice. Les bonnes choses quand elles atteignent la perfection sont assimilées par la lumière et les mauvaises choses sont absorbées par les ténèbres et abaissées à des degrés inférieurs dans les incarnations suivantes. Le ciel et l'enfer ne sont que des états d'esprit et non des lieux spécifiques.

AMOUR SINCÈRE

Bien qu'il soit un Dieu très grand et puissant, Yahvé prend soin de chacun de ses enfants personnellement ou par l'intermédiaire de ses serviteurs. Il cherche notre bonheur à tout prix. Comme une mère ou un père, il nous soutient et nous aide à traverser les moments difficiles en révélant un amour incompréhensible pour les humains. Vraiment, sur terre, nous ne trouvons pas chez les hommes ce genre d'amour pur et sans intérêt.

RECONNAISSEZ-VOUS PÉCHEUR ET LIMITÉ

L'arrogance, l'orgueil, la confiance en soi, l'illusion et l'autonomie sont de méchants ennemis de l'humanité. Contaminés, ils se rendent compte qu'ils ne sont qu'une simple masse de poussière. Voir et comparer : Moi qui ai créé les soleils, les trous noirs, les planètes, les galaxies et les autres étoiles, je ne m'en vante pas plus vous. Abandonnez-vous à mon pouvoir et prenez de nouvelles attitudes.

L'INFLUENCE DU MONDE MODERNE

Le monde d'aujourd'hui crée des barrières insurmontables entre l'homme et le créateur. Nous vivons entourés de technologie, de connaissances, d'opportunités et de défis. Dans un monde aussi compétitif, l'homme oublie le principal, sa relation avec vous. Nous devons être comme les anciens maîtres qui ont cherché Dieu sans cesse et qui ont des objectifs selon sa volonté. Ce n'est qu'ainsi que le succès viendra à vous.

COMMENT S'INTÉGRER AU PÈRE

Je suis la preuve de vie que Dieu existe. Le créateur m'a transformé d'un petit rêveur de grottes à un homme internationalement reconnu. Tout cela était possible parce que je me suis intégré à mon père. Comment cela a-t-il été possible ? J'ai renoncé à mon individualité et j'ai laissé les forces de la lumière agir complètement dans mes relations. Faites ce que je fais et entrez dans notre royaume de délices où coule le lait et le miel, le paradis promis aux Israélites.

L'IMPORTANCE DE LA COMMUNICATION

N'oubliez pas vos obligations religieuses. Chaque fois que vous le pouvez ou, au moins une fois par jour, priez avec ferveur pour vous et pour le monde. En même temps, ton à me sera pleine de grâces. Seuls ceux qui sont persistants peuvent réaliser le miracle.

L'INTERDÉPENDANCE ET LA SAGESSE DES CHOSES

Regardez l'univers et vous verrez que tout a une raison et une fonction, même si elle est petite pour le fonctionnement de l'ensemble. C'est aussi avec le bien qu'est une légion prête à se battre pour nous. Sentez le Dieu en vous.

NE BLÂMEZ PERSONNE

Ne blâmez pas le destin ou Dieu pour le résultat de vos propres choix. Au contraire, réfléchissez-y et essayez de ne pas faire les mêmes erreurs. Chaque expérience doit servir d'apprentissage à assimiler.

FAIRE PARTIE D'UN TOUT

Ne sous-estimez pas votre travail sur terre. Qu'il soit aussi important pour votre évolution et celle des autres. Sentez-vous béni de faire partie du grand théâtre de la vie.

NE VOUS PLAIGNEZ PAS

Peu importe à quel point votre problème, la vie essaie de démontrer qu'il Y a des gens dans des situations pires que la vôtre. Il s'avère qu'une grande partie de notre souffrance est imposée psychologiquement par une norme idéalisée de santé et de bien-être. Nous sommes faibles, corruptibles et naïfs. La plupart des gens pensent que tu es un super héros éternel.

VOIR D'UN AUTRE POINT DE VUE

Au moment de détresse, essayez de vous calmer. Remarquez la situation d'un autre point de vue et puis ce qui ressemble d'abord à une mauvaise chose aura certainement ses points positifs. Mentalement, concentrez-vous et essayez de prendre une nouvelle direction pour votre vie.

UNE VÉRITÉ

Nous sommes tellement noyés dans nos soucis que nous ne réalisons même pas les petits dons, les miracles et les grâces routinières que nous recevons du ciel. Sois heureux à ce sujet. Avec un peu d'effort, vous serez béni encore plus parce que mon père vous souhaite le meilleur.

PENSEZ À L'AUTRE

Quand vos pensées sont très préoccupantes pour votre frère, les fêtes du ciel. Agissant généreusement, notre esprit est léger et prêt pour des vols plus élevés. Faites toujours cet exercice.

OUBLIEZ LES PROBLÈMES

Faites preuve de créativité, de lecture, de mentalisation, de méditation, de charité et de conversation afin que les problèmes n'affligent pas votre âme. Ne déchargez pas la lourde charge que vous portez sur les autres qui n'a rien à voir avec vos problèmes personnels. Rendez votre journée plus libre et plus productive en étant amical.

FAIRE FACE À LA NAISSANCE ET À LA MORT COMME PROCESSUS

Être né et mourir sont des événements naturels qui doivent être considérés avec sérénité. La plus grande préoccupation est quand on est vivant afin de transformer nos attitudes en avantages principalement pour les autres. La mort n'est qu'un passage qui nous conduit à une existence supérieure avec des prix équivalents à nos efforts.

IMMORTALITÉ

L'homme devient éternel à travers ses œuvres et ses valeurs. C'est l'héritage qu'il laissera aux générations futures. Si les fruits des arbres sont mauvais, alors l'âme n'a aucune valeur pour le créateur étant plumé et jeté dans l'obscurité extérieure.

AVOIR UNE ATTITUDE PROACTIVE

Ne restez pas là. Recherchez la connaissance de nouvelles cultures et rencontrez de nouvelles personnes. Votre bagage culturel sera plus grand et, par conséquent, les résultats seront meilleurs. Sois un homme sage aussi.

DIEU EST ESPRIT

L'amour ne peut pas être vu, vous vous sentez. Il en va de même pour le Seigneur, nous ne pouvons pas le voir, mais nous ressentons quotidiennement dans nos cœurs son amour fraternel. Remerciez chaque jour tout ce qu'il fait pour vous.

UNE VISION DE LA FOI

La foi est quelque chose à construire dans notre vie quotidienne. Nourrissez-la de pensées positives et d'attitudes fermes à l'égard de son objectif. Chaque étape est importante sur ce long voyage possible.

SUIVEZ MES COMMANDEMENTS

Le secret du succès et du bonheur réside dans le suivi de mes commandements. Ça ne peut pas dire que tu m'aimes si tu ne suis pas ce que je dis. Vraiment ceux qui m'aiment sont ceux qui se conforment à ma loi et vice versa.

LA FOI MORTE

Toute foi sans œuvres est vraiment morte. Certains disent que l'enfer est plein de bonnes intentions et en cela se trouve une grande vérité. Ça ne fait pas usage d'être prêt, mais tu dois prouver que tu m'aimes.

AVOIR UNE AUTRE VISION

Toutes les souffrances ou défaites ne sont pas complètement mauvaises. Chaque expérience négative que nous éprouvons apporte un apprentissage continu, fort et durable dans nos vies. Apprenez à voir le côté positif des choses et vous serez plus heureux.

De la faiblesse vient la force

QUE FAIRE DANS UNE SITUATION FINANCIÈRE DÉLICATE

Le monde est très dynamique. Il est courant d'avoir des phases de grande prospérité qui doivent des périodes de grandes difficultés financières. La plupart des gens quand ils sont dans un bon moment oublier de continuer à se battre et la partie religieuse. Ils se sentent tout simplement autonomes. Cette erreur peut les conduire à un abîme sombre dont il sera difficile de s'échapper. En ce moment, l'important est d'analyser froidement la situation, d'identifier les solutions et d'aller combattre avec une grande foi en Dieu.

Avec un soutien religieux, vous serez en mesure de surmonter les obstacles et de trouver des moyens de se rétablir. Ne vous blâmez pas trop pour votre passé raté. L'important est d'aller de l'avant avec un nouvel état d'esprit formé allié au grain et à la foi qui grandiront dans votre cœur lorsque vous donnerez votre vie à mon père. Croyez-moi, il sera le seul salut pour tous vos problèmes.

Voici, l'homme a été dit que tout lui sera accordé tant qu'il marche toujours sur le chemin du bien. Par conséquent, efforcez-vous de garder les commandements des Saintes Écritures et les recommandations des Saints. Ne soyez pas fiers au point de les dénigrer parce que par l'exemple de la vie, ils ont pu reconnaître Dieu au milieu des décombres. Pensez-y et bonne chance.

FAIRE FACE À DES PROBLÈMES FAMILIAUX

Depuis notre naissance, nous avons été intégrés dans la première communauté humaine qu'est la famille. C'est la base de nos valeurs et de nos références dans nos relations. Celui qui est un bon père, mari ou fils sera aussi un grand citoyen qui s'acquittera de ses devoirs. Comme tout groupe, les désaccords sont inévitables.

Je ne vous demande pas d'éviter les frictions, c'est pratiquement impossible. Je vous demande de vous respecter les uns les autres, de coopérer les uns avec les autres et de vous aimer les uns les autres. La famille qui est unie ne finira jamais et ensemble peut conquérir de grandes choses.

Il y a aussi une famille spirituelle consolidée dans le ciel : le Royaume de Yahvé, Jésus et Divin. Ce royaume prêche la justice, la liberté, la compréhension, la tolérance, la fraternité, l'amitié et surtout l'amour. Dans cette dimension spirituelle, il n'y a pas de douleur, de pleurs, de souffrance ou de mort. Tout a été laissé pour compte et les fidèles choisis sont vêtus d'un nouveau corps et d'une nouvelle essence. Comme il est écrit, « les justes brilleront comme le soleil dans le royaume de leur père. »

SURMONTER UNE MALADIE OU MÊME LA MORT

La maladie physique est un processus naturel qui se produit quand quelque chose ne va pas bien avec notre corps. Si la maladie n'est pas grave et est vaincue, elle joue le rôle de nettoyage naturel de l'âme consolidant l'humilité et la simplicité. En souffrant de la maladie, c'est que nous sommes à un moment de notre petitesse et en même temps nous inondons avec la grandeur de Dieu qui peut faire n'importe quoi.

En cas de maladie mortelle, c'est le passeport définitif d'un autre plan et, selon notre conduite sur le terrain, nous sommes affectés dans le plan spécifique. Les possibilités sont : l'enfer, les limbes, le ciel, la ville des hommes et le purgatoire. Chacun est destiné à l'un d'eux selon leur ligne évolutionnaire. À ce stade, nous n'obtenons exactement ce que nous méritons, ni plus, ni moins.

Pour ceux qui restent sur terre, le désir de la famille reste et la vie suit. Le monde n'est pas un arrêt pour personne, absolument personne n'est irremplaçable. Cependant, de bonnes œuvres demeurent et nous témoignent. Tout passera, sauf la puissance de Dieu qui est éternelle.

SE RENCONTRER SOI-MÊME

Où est mon bonheur ? Que faire pour rester bien sur terre ? C'est ce que beaucoup de gens demandent. Il n'y a pas beaucoup de secret commercial, mais les gens gagnants sont généralement ceux qui consacrent leur temps au bien des autres et de l'humanité. En servant les autres, ils se sentent complets et sont plus disposés à aimer, à raconter et à gagner.

L'éducation, la patience, la tolérance et la peur de Dieu sont des éléments clés dans la construction d'une personnalité rare et admirable. Ce faisant, l'homme sera en mesure de trouver Dieu et de savoir exactement ce qu'il désire pour sa vie. Vous pouvez même penser que vous êtes sur la bonne voie, mais sans ces qualités, vous allez juste être un faux. Vous n'aimez que les gens qui se donnent vraiment et qui se comprennent les uns les autres. Apprenez de moi que je suis pur, conscient de mes dieux- dieux, cas fortuits - service dédié à mes projets, la compréhension, la charité et l'amour. Il deviendra spécial pour mon père et le monde sera gardé. Rappelez-vous : Non pour le plus grand que l'abîme ou l'obscurité dans votre vie, de la faiblesse vient la force.

Sophia
JUSTICE

La justice et l'injustice sont des seuils l'un pour l'autre, et elles sont très relatives en apparence. Divisons-le en deux branches : celle du royaume de Dieu et celle des royaumes humains. Par rapport à Dieu, la justice est étroitement liée à la souveraineté de Yahvé qui est démontrée par ses commandements, un total de trente selon ma vision. C'est une question pratique : soit vous suivez les normes du royaume de Dieu ou non et pour ceux qui refusent de voir la grandeur de ces objectifs reste la lamentation d'une âme ayant été perdue. Cependant, les âmes rebelles qui parviennent à se relever à un moment donné de la vie peuvent fermement croire en la miséricorde de Yahvé, son saint père. Dieu le père est un être d'affectations infinies.

La justice humaine a ses propres lignes directrices dans chaque nation. Au fil du temps, les hommes s'efforcent d'assurer la paix et le droit sur terre, même si cela ne se produit pas toujours. Cela est dû à une législation dépassée, la corruption, les préjugés contre les mineurs et l'échec humain lui-même. Si vous vous sentez lésé comme je me suis déjà senti donné votre appel à Dieu. Il comprendra la douleur et assurera sa victoire au bon moment.

L'injustice à tous égards est un mal de l'humanité ancienne et contemporaine. Il doit être combattu pour que les justes puissent avoir ce qui est à juste titre le vôtre. Ce qui ne peut pas arriver, c'est d'essayer de rendre justice à sa persévérance. Rappelez-vous que ce n'est pas Dieu de juger et de condamner qui que ce soit.

« *Quand je t'invoque, réponds-moi, Dieu de ma justice* ». (SM 4.2)

LE REFUGE AU BON MOMENT

Nous sommes des êtres spirituels. À un moment donné de notre existence dans le ciel, nous sommes choisis et incarnés dans un corps humain au moment de la fécondation. L'objectif est de remplir la mission en évoluant avec d'autres êtres humains. Certains avec de plus grandes missions et d'autres avec des plus petits, mais tous avec une fonction que la planète ne peut pas abandonner.

Notre premier contact est au sein d'une famille et c'est généralement avec ces personnes que nous vivons plus longtemps et tout au long de notre vie. Même les enfants qui épousent le lien familial ne sont pas éteints.

Avec le contact social, nous avons accès à d'autres points de vue différents de la nôtre. C'est exactement là que réside le danger. Aujourd'hui, nous avons une génération massive de jeunes qui cherchent le mauvais côté. Ce sont des adolescents et des adultes qui ne respectent pas leurs parents, adorent la drogue et la font voler et même tuer. Même les soi-disant gens de confiance peuvent cacher un danger quand ils essaient de nous influencer à faire le mal. Il Ya l'autre côté aussi : Bombardé par le mensonge, la violence, l'intimidation, les préjugés, le mensonge, la déloyauté beaucoup ne croient pas dans la race humaine et proche de nouvelles amitiés. Il est salutaire de méditer qu'il est vraiment difficile de trouver des gens fiables, mais si vous êtes l'un de ces chanceux les garder sur le côté droit et gauche de votre poitrine pour le reste de votre vie.

Exposé cela, lorsque vous tombez dans un malheur, se tourner vers vos vrais amis ou votre famille proche et si vous ne trouvez toujours pas le soutien chercher Dieu *le refuge au bon moment*. Il est le seul à ne plus l'abandonner car sa situation est dangereusement. Donnez votre douleur et votre foi sur des jours meilleurs dans le Dieu de l'impossible et vous ne vous repentirez pas.

« *Dans l'angoisse, vous m'avez réconforté. Ayez pitié de moi et écoutez-moi* Prière. (Psaume 4.2)

LA SÉDUCTION DU MONDE VERSETS LA VOIE DE DIEU

Le monde est le grand domaine où les enfants de Dieu et le diable travaillent pour leurs causes. Comme dans tout monde à la traîne en termes d'évolution, nous vivons une dualité sanglante qui étouffe les gens en groupes qui forment ensemble la société.

Bien que nous disions que la plupart des gens ont de bonnes intentions, ce que vous voyez est une virtualisation du bon sens. La plupart préfèrent les choses du monde aux choses de Dieu. Les gens ont soif de pouvoir, d'argent, se disputent le prestige, s'enfoncent dans des partis indisciplinés, pratiquent l'exclusion et fomentent indisciplinés, pratiquent les commérages et calomnient l'autre, préfèrent gravir l'échelle de la hiérarchie en escroquant, dénonçant et passant sur les autres. En tant que représentant de Yahvé, je n'ai aucun doute que ces gens ne sont pas de Dieu. Ce sont des filles du diable, de l'ivraie qui seront brûlées sans pitié dans les larves de l'abîme dans le calcul. Ce n'est pas un jugement, c'est la réalité dans la relation de récolte des plantes.

Si vous avez des valeurs et avez foi dans les forces du bien, je vous invite à faire partie du royaume de votre père. En renonçant au monde, vous verrez enfin la grandeur et la bonté de notre Dieu. Un père qui vous accepte tel que vous êtes et qui vous aime avec amour plus grand que votre compréhension atteint. Faites votre choix. Ici, tout est éphémère et à côté de nous, vous pouvez faire l'expérience de ce que le mot signifie vraiment *« Plein bonheur. »*

« Ô hommes, combien de temps aurez-vous son cœur endurci, aimer la vanité, et chercher le mensonge ? (Psaume 4 :3).

APPRENDRE À CONNAÎTRE YAHVÉ

Yahvé est l'être le plus merveilleux qui soit. De ma propre expérience, j'ai connu le visage de ce père aimant qui veut toujours notre bien. Alors pourquoi ne pas lui donner une chance ? Donnez-lui vos croix et vos espoirs afin qu'une main forte puisse transformer votre vie. Je vous garantis que vous ne serez plus le même. J'espère sincèrement que vous refléterez ces quelques mots et prendrez une décision définitive dans votre vie. Je t'attendrai. Bonne chance. Je t'aime, mes frères !

Les justes et la relation avec Yahvé

LA RELATION AVEC YAHVÉ

Remerciez toujours votre père spirituel pour toutes les grâces accordées tout au long de sa vie. Se sentir reconnaissant et heureux que Yahvé lui ait donné la vie est une obligation. Son nom est saint et couvert de gloire dans toutes les parties du monde. En cas de détresse ou de besoin recourir à elle et sûrement il va ouvrir ses voies montrant une solution définitive à votre problème.

En parlant de problèmes, beaucoup d'entre eux ont comme cause l'action de leurs ennemis. Faire appel avec confiance à mon père et à tous ceux qui veulent le mal trébuchera. Sachez que Dieu le père sera toujours à vos côtés, juste avoir plus confiance en lui. Les justes sont toujours reposés par le père. Cependant, il est important que vous essayiez une approche avec vos aversions. Faites de votre ennemi un ami fidèle ou au moins avoir une relation amicale. Une intrigue maintient l'âme dans les ténèbres, loin de l'action Divin et ne se plaidant pas de l'absence, vous l'avez vous-même tenue à l'écart de votre rancune et de votre mépris envers les autres. Pensez-y.

Oui, Dieu vous aimera et rencontrera vos attentes dans la mesure du bien que vous ayez fait aux autres. Assurez-vous que si vous abandonnez complètement, il aura son peuple se battre pour vous dans chaque guerre interne et externe qui se produit. Il sera capable d'ouvrir la mer ou de détruire des nations pour son bien parce qu'avec foi vous vous êtes tournés vers lui.

Il le fait pour qu'il chante sa gloire et, dans la consternation, son âme rejoigne les âmes choisies pour maîtriser Jésus. Le royaume de Dieu se construit petit à petit et la plupart de ses membres sont les pauvres et les humbles de cœur. Dans cette dimension spirituelle, il n'y a que la paix, le bonheur, la foi, l'égalité, la coopération, la fraternité et l'amour sans limites parmi ses membres. Ceux qui ont entrepris de suivre le chemin des ténèbres, sont maintenant le lac de feu et de soufre, où ils seront tourmentés jour et nuit en raison de la gravité de leurs péchés.

C'est ce qu'on appelle la justice Divin. La justice donne ce que tout le monde mérite de droit et il le fait en l'honneur des opprimés, des minorités, des pauvres souffrants, de tous les petits du monde qui souffrent aux mains de l'élite conservatrice. En plus de la justice, la miséricorde Divin est trouvée, insurmontable et impénétrable pour tout esprit. C'est pourquoi il est Dieu, quelqu'un qui sera toujours à bras ouverts pour recevoir ses enfants.

CE QUE VOUS DEVEZ FAIRE

J'ai rencontré le père divin au moment le plus difficile de ma vie, à un moment où j'étais mort et où mes espoirs s'étaient épuisés. Il m'a appris ses valeurs et m'a complètement réhabilité. Il peut te faire la même chose. Tout ce que vous avez à faire est d'accepter l'action de son nom glorieux dans sa vie.

Je suis quelques valeurs fondamentales : l'amour d'abord, la compréhension, le respect, l'équivalence, la coopération, la tolérance, la solidarité, l'humilité, le détachement, la liberté et le dévouement à la mission. Essayez de prendre soin de votre propre vie et ne calomniez pas l'autre parce que Yahvé juge les cœurs. Si quelqu'un vous fait du mal, ne repensez pas, tournez l'autre joue et surmontez votre rancune. Tout le monde manque et mérite une autre chance.

Essayez d'occuper votre esprit avec des activités de travail et de loisirs. L'oisiveté est un ennemi dangereux qui peut vous conduire à la ruine ultime. Il y a toujours quelque chose à faire.

Cherchez également à renforcer votre partie spirituelle, fréquentez fréquemment votre église et obtenez des conseils de votre guide spirituel. Il est toujours bon d'avoir un deuxième avis lorsque nous nous trouvons dans le doute au sujet d'une décision à prendre. Soyez prudent et apprenez de vos erreurs et de vos réussites.

Par-dessus tout, soyez vous-même dans toutes les situations. Personne ne trompe Dieu. Agissez dans la simplicité et soyez toujours fidèles pour que Dieu vous confie des positions encore plus grandes. Leur grandeur dans le ciel sera quantifiée dans leur servitude, la plus petite de la terre sera honorée de lieux spéciaux, proches de la plus grande lumière.

JE VOUS DONNE TOUT MON ESPOIR

Seigneur Yahvé, vous qui surveillez mes efforts jour et nuit, vous demandez les conseils, la protection et le courage de continuer à porter mes croix. Bénis mes paroles et mes actions pour qu'elles soient toujours bonnes, béatifiées mon corps, mon âme et mon esprit. Que mes rêves ne se réalisent pas dans la mesure où ils peuvent être. Ne me permettez pas de tourner vers la droite ou vers la gauche. Quand tu mourras, donne-moi la grâce de vivre avec les élus. Amen.

Amitié

Le vrai ami est celui qui est avec vous dans les mauvais moments. C'est lui qui te défend de son âme et de sa vie. Ne vous y trompez pas. En période de Bonanza, vous serez toujours entouré par des gens avec les intérêts les plus variés. Mais dans les temps sombres, il ne reste que les vrais. Surtout ta famille. Ceux qui impliquent tant et veulent leur bien sont leurs vrais amis. D'autres personnes se rapprochent toujours à cause des avantages.

« Vous ne mangerez du pain au miel avec moi si vous mangez de l'herbe avec moi. » Cette vraie phrase résume à qui nous devrions donner une vraie valeur. La richesse qui passe attire de nombreux intérêts et les gens se transforment. Sachez réfléchir sur les choses. Qui était avec toi dans la pauvreté ? Ce sont ces gens qui méritent vraiment votre vote de confiance. Ne vous laisser berner par les fausses passions qui font mal. Analyser la situation. Est-ce que quelqu'un aurait le même sentiment pour toi si tu étais un pauvre mendiant ? Méditez dessus et vous trouverez votre réponse.

Celui qui vous nie en public n'est pas digne de son amour. Quiconque a peur de la société n'est pas prêt à être heureux. Beaucoup de gens qui ont peur d'être rejetés en raison de leur orientation sexuelle rejettent leurs partenaires en public. Cela provoque de graves troubles psychologiques et des douleurs émotionnelles persistantes. Il est temps de repenser vos choix. Qui t'aime vraiment ? Je suis sûr que cette personne qui vous a rejeté en public n'en fait pas partie. Prenez courage et changez la trajectoire de votre vie. Laissez le passé derrière vous, faites un bon plan et passez à autre chose. Dès que vous arrêtez de souffrir pour l'autre et prenez les rênes de votre vie, votre chemin sera plus léger et plus facile. N'ayez pas peur et prenez une attitude radicale. Seulement cela peut vous libérer.

Pardon

Le pardon est extrêmement nécessaire pour parvenir à la tranquillité d'esprit. Mais qu'est-ce que cela signifie de pardonner ? Le pardon n'est pas oublié. Pardonner, c'est mettre fin à une situation qui vous a apporté de la tristesse. Il est impossible d'effacer les souvenirs de ce qui s'est passé. Ce que vous prendrez avec vous pour le reste de votre vie. Mais si vous êtes coincé dans le passé, vous ne vivrez jamais dans le présent et vous ne serez pas heureux. Ne laissez pas les autres vous enlever votre paix. Pardonnez-moi d'aller de l'avant et de vivre de nouvelles expériences. Le pardon vous libérera enfin et vous serez prêt à avoir une nouvelle vision de la vie. Cet homme qui t'a fait souffrir ne peut pas détruire ta vie. Pensez qu'il Ya d'autres bons hommes capables de vous fournir de bons moments. Avoir une attitude positive. Tout peut s'améliorer quand on y croit. Nos vibrations positives affectent nos vies de telle sorte que nous pouvons triompher. Vous n'avez pas d'attitudes négatives ou mesquines. Cela peut conduire à des résultats destructeurs. Débarrassez-vous de tout mal qui traverse votre âme et filtrez seulement le bien. Il suffit de garder ce qui ajoute de bonnes choses pour vous. Croyez-moi, votre vie s'améliorera après cette attitude.

Parlez franchement de votre aversion. Faites-en sorte que vos attentes sont claires. Expliquez que vous avez pardonné, mais vous ne lui donnerez pas une seconde chance. Revivre un passé aimant peut être très destructeur pour les deux. Le meilleur choix est de prendre une nouvelle direction et d'essayer d'être heureux. Nous méritons tous le bonheur, mais tout le monde n'y croit pas. Sachez attendre le temps de Dieu. Soyez reconnaissant pour les bonnes choses que vous avez. Continuez à chercher vos rêves et votre bonheur. Tout se passe au bon moment. Les plans du créateur pour nous sont parfaits et nous ne savons même pas comment comprendre. Donnez votre vie complètement aux desseins de Dieu et tout s'en sortira. Embrassez votre mission avec joie et vous aurez du plaisir à vivre. Le sentiment de pardon transformera votre vie d'une manière à qui vous n'avez jamais pensé et ce mauvais événement ne sera qu'un obstacle dépassé. Si vous n'apprenez pas dans l'amour, vous apprenez dans la douleur. C'est un dicton applicable à cette situation.

Trouver son chemin

Chaque personne a une trajectoire particulière et unique. Il ne fait aucun intérêt à suivre les paramètres. Ce qui est important, c'est de rechercher les possibilités. Avoir suffisamment d'informations est primordial pour prendre une décision professionnelle ou aimante. Je crois que le facteur financier devrait être pris en considération, mais il ne devrait pas être essentiel dans votre décision. Souvent, ce qui nous rend heureux, ce n'est pas de l'argent. Ce sont les situations et les sensations d'une certaine zone. Découvrez votre don, réfléchissez à votre avenir et prenez une décision. Soyez heureux avec vos choix. Beaucoup d'entre eux transforment définitivement notre destin. Alors réfléchissez bien avant les choix.

Lorsque nous faisons le bon choix, tout dans notre vie coule parfaitement. Les bons choix nous conduisent à des résultats concrets et durables. Mais si vous faites une erreur dans votre décision, changez vos plans et essayez de bien faire les choses la prochaine fois. Vous ne rattraperez pas le temps perdu, mais la vie vous a donné une nouvelle chance de succès. Nous avons droit à toutes les chances que la vie nous donne. Nous avons le droit d'essayer autant de fois que nous en avons besoin. Qui n'a jamais fait d'erreur de sa vie ? Mais toujours respecter les sentiments des autres. Respecter les décisions des autres. Acceptez votre échec. Ça ne va pas diminuer ta capaciter. Embrassez votre nouveau départ et ne péchez plus. Tu te souviens de ce que Jésus a dit ? Nous pouvons même pardonner, mais vous devez avoir honte et changer d'attitude. Ce n'est qu'alors que vous serez prêt à être heureux à nouveau. Croyez en vos qualités. Avoir de bonnes valeurs éthiques et ne vous humilier à personne. Faites une nouvelle histoire.

Comment vivre au travail

Le travail est notre deuxième maison, l'extension de notre bonheur. Ce doit être un lieu d'harmonie, d'amitié et de complicité. Cependant, ce n'est pas toujours possible. Pourquoi cela se produit-il ? Pourquoi ne suis-je pas heureux au travail ? Pourquoi suis-je persécuté ? Pourquoi est-ce que je travaille si dur et que je suis encore pauvre ? Ces questions et bien d'autres peuvent être discutées ici.

Le travail n'est pas toujours harmonique parce que nous vivons avec des gens différents. Chaque personne est un monde, a ses propres problèmes et il affecte tout le monde autour. C'est là que les combats et les désaccords se produisent. Cela provoque de la douleur, de la frustration et de la colère. Vous rêvez toujours d'un milieu de travail parfait, mais quand il s'agit de déception, il vous apporte de l'inconfort. Par conséquent, nous étions malheureux. Souvent, son travail est son seul point de soutien financier. Nous n'avons pas le choix de démissionner même si nous le voulons souvent. Tu annules et tu te révoltes. Mais il reste dans le travail par nécessité.

Pourquoi sommes-nous poursuivis par des patrons et des collègues ? Il y a plusieurs raisons : envie, préjugés, autoritarisme, sans amour. Ça nous marque pour toujours. Cela génère un sentiment d'infériorité et de désillusion. C'est terrible d'avoir à garder la paix quand on veut crier au monde qui a raison. Vous faites un travail parfait et vous n'êtes pas reconnu. Vous n'obtenez pas de compliments, mais votre patron se fait un point d'un point de vous critiquer. Vous frappez mille fois, mais si vous faites une erreur une fois que vous êtes appelé incompétent. Bien que je sache que le problème n'est pas en vous, il génère un traumatisme constant péché votre esprit. Vous devenez un objet de travail.

Pourquoi je travaille si dur et je suis pauvre ? Ça doit être un reflet. Nous vivons dans le capitalisme, un système économique sauvage dans lequel les pauvres sont exploités pour générer de la richesse pour les riches. Cela se produit dans tous les secteurs de l'économie. Mais être employé peut-être une option. Nous pouvons entreprendre dans presque tous les secteurs avec peu d'argent. Nous pouvons créer notre entreprise et être des patrons de nous-mêmes. Cela nous apporte une confiance en soi incroyable. Mais rien ne peut être fait sans planification. Nous devons évaluer le côté positif et négatif afin que nous puissions décider quelle est la meilleure façon. Nous avons toujours besoin d'avoir un arrière-plan, mais surtout nous devons être heureux. Nous devons être proactifs et devenir des protagonistes de notre histoire. Nous devons trouver le « point de rencontre » de nos besoins. N'oubliez pas que vous êtes le seul à savoir ce qui est le mieux pour vous.

Vivre avec des gens durs au travail

Souvent, vous trouvez au travail votre pire ennemi. Cette personne ennuyeuse qui te poursuit et invente des choses pour te faire du mal. D'autres ne t'aiment pas sans raison apparente. C'est si douloureux. Avoir à vivre avec des ennemis est une chose terrible. Il faut beaucoup de contrôle et de courage. Nous devons renforcer le côté psychologique afin de surmonter tous ces obstacles. Mais il y a aussi une autre option. Vous pouvez changer d'emploi, demander un transfert ou créer votre propre entreprise. Changer votre environnement peut aider beaucoup dans votre situation.

Comment faire face aux infractions ? Comment réagir face aux agressions verbales ? Je ne pense pas que ce soit bon de te taire. Cela donne une fausse impression que vous êtes un imbécile. Réagir. Ne laisse personne te faire du mal. Tu dois séparer les choses. C'est une chose pour votre patron de recueillir des résultats de votre travail, et une autre chose tout à fait différente est de vous chasser. Ne laissez personne étouffer votre liberté. Soyez autonome dans vos décisions.

Se préparer à avoir un revenu de travail autonome

Pour pouvoir quitter le travail et être indépendants, nous devons analyser le marché. Investissez votre potentiel dans ce que vous aimez le plus faire. C'est génial de travailler sur ce que vous aimez. Vous devez combiner le bonheur avec le revenu financier. Travailler et faire une bonne réserve financière. Ensuite, investissez avec la planification. Calculez toutes vos étapes et étapes. Recherche et consultation d'experts. Soyez confiant de ce que vous voulez. Avec un chemin à parcourir, tout sera plus facile pour vous.

Si votre première option ne fonctionne pas, réévaluez votre chemin et persistez dans vos objectifs. Croyez en votre potentiel et votre talent. Courage, détermination, audace, foi et persévérance sont les éléments essentiels du succès. Mettez Dieu en premier et toutes les autres choses seront ajoutées. Avoir confiance en soi et être heureux.

Analyser les options de spécialisation dans les études

L'étude est essentielle pour le marché du travail et pour la vie en général. La connaissance nous agrège et nous transforme. Lire un livre, prendre un cours, avoir une profession et avoir une vision large des choses nous aide à grandir. La connaissance est notre pouvoir contre les attaques de l'ignorance. Il nous emmène sur une voie plus claire et plus précise. Par conséquent, spécialisez-vous dans votre profession et soyez un professionnel compétent. Soyez original et créez des tendances de consommation. Libérez-vous du pessimisme, prenez plus de risques et persistez. Croyez toujours en vos rêves parce qu'ils sont votre boussole dans la vallée des ténèbres. Nous pouvons faire tout ce qui nous fortifiera.

Recherche de votre domaine d'expertise. Créer des mécanismes d'apprentissage. Réinventez-vous. Devenir ce dont vous avez toujours rêvé peut-être possible. Il suffit d'un plan d'action, de planification et de volonté. Créez votre propre succès et vous serez heureux. Très réussi pour vous.

Comment vivre en famille

Qu'est-ce que la famille

La famille sont les gens qui vivent avec vous, qu'ils soient apparentés ou non. C'est le premier noyau familial dont tu fais partie. En général, ce groupe est composé de père, de mère et d'enfants.

Avoir une famille est d'une importance fondamentale pour le développement humain. Nous apprenons et enseignons dans ce petit noyau familial. La famille est notre base. Sans elle, on n'est rien. C'est pourquoi ce sentiment d'appartenance à quelque chose remplit l'âme de l'être humain.

Cependant, quand nous vivons avec des gens jaloux ou mauvais, cela peut entraver notre évolution personnelle. Dans ce cas, l'adage suivant s'applique : « Mieux vaut seulement que mal accompagné ». L'homme a aussi besoin de grandir, de conquérir ses propres espaces et de former sa propre famille. Ça fait partie de la loi naturelle de la vie.

Comment respecter et respecter

La plus grande règle de vivre dans une famille doit être le respect. Bien qu'ils puissent vivre ensemble, il n'autorise pas l'autre à s'immiscer dans leur vie. Réaffirmez cette position. Avoir votre travail, votre chambre, vos affaires de peuple séparément. Chaque famille doit avoir sa propre personnalité, ses actions et ses désirs respectés.

Vivre ensemble ou quitter la maison et avoir plus d'intimité ? Beaucoup de jeunes se posent souvent cette question. D'après mon expérience personnelle, il ne vaut la peine de quitter la maison si vous avez un soutien à l'extérieur de la maison. Croyez-moi, la solitude peut être le pire de vos ennemis et vous maltraiter beaucoup.

J'ai vécu quatre mois avec l'excuse que je serais plus près du travail. Mais en fait, j'essayais de trouver l'amour. Je pensais que vivre dans la grande ville me faciliterait la recherche. Mais ce n'est pas ce qui s'est passé. Les gens sont devenus compliqués dans le monde moderne. Aujourd'hui, ce qui prévaut, c'est le matérialisme, l'égoïsme et la méchanceté.

J'habitais dans un appartement. J'avais ma vie privée, mais je me sentais totalement malheureuse. Je n'ai jamais été une fête jeune, ni boire. Vivre seul ne me plaît pas tant que ça. En fin de compte, je me suis rendu compte que mes responsabilités avaient augmenté plutôt que diminué. J'ai donc décidé de rentrer chez moi. Ce n'était pas une décision facile. Je savais qu'il y avait fini mes espoirs de trouver quelqu'un. Je suis avec le groupe LGBT. Il est impensable que je trouve un copain à la maison parce que ma famille est totalement traditionnelle. Ils ne m'accepteraient jamais pour ce que je suis.

Je suis rentré à la maison en pensant à me concentrer sur le travail. À trente-six ans, je n'avais jamais trouvé de partenaire. Il accumulait cinq cents rejets et cela augmentait chaque jour. Puis je me suis demandé : Pourquoi ce besoin de trouver le bonheur dans l'autre ? Pourquoi ne puis-je pas réaliser mes rêves tout seul ? Tout ce que j'avais à faire était d'avoir un bon soutien financier et je pouvais profiter de la vie mieux. Cette pensée d'être heureux à côté de quelqu'un est presque dépassée de nos jours. Ça arrive rarement. J'ai donc poursuivi ma vie avec mes projets. Je suis écrivain et cinéaste.

Dépendance financière

Savoir comment traiter la question financière est primordial de nos jours. Bien qu'ils vivent en famille, chacun doit gagner sa vie. Plusieurs fois, j'ai dû aider ma famille parce que je suis le seul à avoir un emploi stable. Mais la situation est devenue très difficile quand ils m'ont juste attendu. C'est pour ça que j'ai quitté la maison aussi. Ils ont dû se réveiller à la réalité. Aider est bon quand vous avez des restes. Mais ce n'est pas juste que je travaille et que d'autres personnes apprécient mon argent plus que moi-même.

Cet exemple montre à quel point la sensibilisation est importante. Nous devons séparer les choses. Chacun doit chercher à travailler. Tout le monde a la capacité de survivre. Nous devons être les protagonistes de notre propre histoire et ne pas dépendre des autres. Il y a des situations de maladie dans le monde d'aujourd'hui. Des hommes et des femmes profiteurs. Ce n'est pas de l'amour. C'est juste un intérêt financier. Être trompé par l'amour ne fera qu'apporter la souffrance.

Je comprends qu'il n'est pas facile de faire face à certaines situations. Mais nous devons être rationnels. Le fils s'est marié. Qu'il prenne sa propre vie en charge. Des petits-enfants à s'occuper ? Pas du tout. C'est la responsabilité des parents. Vous qui êtes déjà dans la vieillesse devriez profiter de la vie en voyageant et en faisant des activités agréables. Tu as rempli ton rôle. Tu ne veux pas t'occuper de la responsabilité des autres. Cela peut être très dommageable pour vous. Faites une réflexion intérieure et voyez ce qui est le mieux pour vous.

L'importance de l'exemple

Lorsque nous parlons d'enfants, nous parlons de l'avenir du pays. Il est donc de la plus haute importance qu'ils aient une bonne base familiale. En général, ils sont le reflet de l'environnement dans lequel ils vivent. Si nous avons une famille structurée et heureuse, les jeunes ont tendance à suivre cet exemple. C'est pourquoi l'adage est vrai : « Celui qui est un bon fils est un bon père. » Toutefois, il ne s'agit pas d'une règle générale.

Nous avons souvent de jeunes rebelles. Même s'ils ont des parents merveilleux, ils penchent vers le mal. Dans ce cas, ne vous sentez pas coupable. Tu as fait ta part. Chaque être humain a son libre ment. Si l'enfant a choisi le mal, il en supportera les conséquences. C'est naturel dans une entreprise d'été. Il y a le bien et le mal. C'est une décision personnelle.

J'ai choisi le bien et aujourd'hui je suis une personne totalement heureuse, honnête et saine. Je suis un exemple de persévérance et d'espoir envers mes rêves. Je crois aux valeurs d'honnêteté et de travail. Enseigne ça à tes enfants. Apaisez le bien et récoltez le bien. Nous sommes le fruit de nos efforts, ni plus ni moins. Tout le monde a ce qu'il mérite.

Fin

www.ingramcontent.com/pod-product-compliance
Lightning Source LLC
LaVergne TN
LVHW040159080526
838202LV00042B/3237